ULRICH G

FINANZIELL
SORGENFREI
IM ALTER

So kommen Sie einfach und
bequem zu Ihrem Altersvermögen

© 2021 Ulrich Gallus
Lektorat: Ute Latz
Satz & Layout/e-Book: BÜCHERMACHEREI · buechermacherei.de
Covergestaltung: OooGRAFIK · ooografik.de
Fotos: Privat
Illustrationen: Kristina Caspary-Gallus

Druck und Distribution im Auftrag des Autors:
tredition GmbH, Halenreie 40-44, 22359 Hamburg, Germany

ISBN Softcover: 978-3-347-41423-5
ISBN Hardcover: 978-3-347-41424-2
ISBN E-Book: 978-3-347-41425-9

Bibliografische Information der Deutschen Nationalbibliothek:
Die Deutsche Nationalbibliothek verzeichnet diese Publikation in der Deutschen Nationalbibliografie; detaillierte bibliografische Daten sind im Internet über dnb.d-nb.de abrufbar.

Die Aussagen zu Ertrag und Risiko der einzelnen Anlageformen basieren auf historischen Datenreihen.

INHALTSVERZEICHNIS

Vorwort

Vor ein paar Tagen haben meine Frau und ich unsere Rentenauskunft von der *Deutschen Rentenversicherung* bekommen. Und wieder einmal haben wir uns ungläubig angeschaut. Unsere gesetzlichen Renten, die wir in ein paar Jahren einmal beziehen werden, sind frustrierend. Wir haben bisher beide unser gesamtes Leben in die gesetzliche Rentenversicherung Pflichtbeiträge einbezahlt. Meine Frau ununterbrochen über 40 Jahre, seit sie mit 17 Jahren ihre Ausbildung begonnen hat, und ich mit Beginn meiner Wehrdienstzeit und dann als Angestellter. In einem Punkt waren wir uns schnell einig. Die Höhe unserer Renten ist ernüchternd und wird nicht ausreichen, um unseren Lebensstandard im Alter halten zu können. Ein finanziell unbeschwertes Leben im Alter ist damit nicht möglich. Aber genau das war immer unser Ziel. Wir sind froh, dass wir die Möglichkeit hatten, privat etwas auf die Seite zu legen und ich zusätzlich in den Genuss einer Betriebsrente kommen werde.

Was mir aber große Sorge bereitet, ist, dass sich viele unserer Mitmenschen, Freunde und Bekannte in einer ähnlichen Situation befinden, oft aber mit der mageren gesetzlichen Rente auskommen müssen. Mit Ende 50 hat man keine Möglichkeit mehr gegenzusteuern oder ein privates Altersvermögen aufzubauen. Da reicht die Zeit nicht mehr. Das ist bei jüngeren oder jungen Menschen anders.

Ich habe dafür Verständnis, dass junge Menschen im Hier und Jetzt leben und sich nicht bereits heute mit Fragen der Altersabsicherung beschäftigen wollen. Die Rente ist ja noch so weit weg. Das war bei uns auch so. Aber der Preis, den man beim Renteneintritt eventuell bezahlen muss, ist einfach zu hoch. Das Thema ist viel zu wichtig, um nicht darüber zu reden und nach-zudenken. Deshalb sollte jeder rechtzeitig die richtigen Weichen stellen. Es braucht nicht viel. Eigentlich braucht es nur drei Dinge: den Ansporn, über Jahrzehnte regelmäßig etwas Geld auf die Seite zu legen, den Mut, das Geld in Aktien zu investieren und den eisernen Willen, nie zu verkaufen oder den Sparvorgang abzubrechen.

Wenn man früh beginnt, kann man sich auch mit geringen Beträgen ein kleines Vermögen fürs Alter aufbauen. Dazu sind Disziplin und natürlich auch Verzicht nötig, denn Sparen bedeutet in aller Regel Verzicht. Die Kernfragen sind allerdings: Was ist der Preis und was ist der Lohn für den Verzicht? Der Preis wird sein, monatlich einen kleinen Betrag konsequent und langfristig auf die Seite zu legen. Der Lohn wird sein, dass man im Alter ein Vermögen aufgebaut hat, welches einem ein finanziell unbeschwerteres und auskömmlicheres Leben ermöglichen wird.

Dieser kleine Ratgeber soll eine einfache, unkomplizierte und vor allem für jeden verständliche Möglichkeit aufzeigen, wie sich jeder ein Altersvermögen aufbauen kann. Sie haben keine wissenschaftliche Ausarbeitung vor sich. Vielmehr sollen Zusammenhänge einfach und nachvollziehbar dargestellt werden. Fachbegriffe sind kursiv geschrieben und am Ende des Buches im Glossar ausführlich erklärt.

Der frühe Vogel fängt den Wurm

Wie hoch das Altersvermögen am Ende sein wird, kommt auf die individuelle Ausgestaltung an. Aber wie heißt es so schön: „Der frühe Vogel fängt den Wurm". Also: je früher Sie damit beginnen, umso höher wird Ihr Altersvermögen nachher sein. Zögern Sie nicht, verlieren Sie keine Zeit, handeln Sie. Sie werden dafür belohnt!

KAPITEL 1

Wie sieht es mit der gesetzlichen Rente aus?

Wussten Sie, dass

... die durchschnittliche gesetzliche Rente, die aktuell ausbezahlt wird, gerade einmal 982 Euro pro Monat beträgt und durch Krankenkassenbeiträge und Steuern noch weniger wird?

Kern der Altersabsicherung in der Bundesrepublik Deutschland ist die gesetzliche Rentenversicherung. Sie wird über den sogenannten *Generationenvertrag* finanziert. Personen, die im Arbeitsprozess stehen, finanzieren über ihre Pflichtbeiträge unsere Ruheständler.

„Die Rente ist sicher". Kein Satz brannte sich in die Köpfe der Deutschen so stark ein wie dieses Zitat von 1986 von Norbert Blüm, damaliger Bundesminister für Arbeit und Sozialordnung. Ganze Generationen verlassen sich heute noch darauf, dass ihnen die gesetzliche Rente im Alter ein unbeschwertes Leben ermöglichen wird. „Meine Rente reicht mir im Alter" oder „Ich brauche im Rentenalter eh nicht viel" hört man Land auf und Land ab. Umfragen bestätigen tatsächlich immer wieder, dass eine deutliche Mehrheit der Menschen davon ausgeht, dass ihr Lebensstandard im Alter geringer sein wird als während des Erwerbslebens und dass ihnen ihre Rente im Alter deshalb einmal reichen wird. Ist das wirklich so? Vielleicht! Aber die sogenannte *„Rentenlücke"*, die Differenz des Arbeitslohnes zur Rente, sollte hier nicht unterschätzt werden. Sie wird erheblich höher sein als viele annehmen und glauben. Auch eine abgeschlossene Riesterrente wird hier nicht sehr viel dazu beitragen können, um diese Lücke zu schließen oder nennenswert zu reduzieren. Sie wird gerade einmal ein Tropfen auf den heißen Stein sein. Und auf zusätzliche Zahlungen aus einer *Betriebsrente* werden auch die Wenigsten hoffen können. Also bleibt die Kernfrage, in welcher Höhe die Rente sicher ist. Diese Frage wird jeder erst dann beantworten können, wenn er seinen *Rentenbescheid* tatsächlich in den Händen hält.

Die aktuelle Situation an der Rentenfront ist alarmierend und bedrückend. Die Bevölkerungsentwicklung mit einer geringeren Geburtenrate und einer erhöhten Lebenserwartung hat dazu geführt, dass heute bereits ein Arbeitnehmer zwei Ruheständler finanzieren muss. Hier kommt der „Generationenvertrag" an seine Grenzen. Es ist nicht möglich, die junge Generation weiter über Maßen zu belasten. Wir werden nicht um Beitragserhöhungen, eine Verlängerung der Lebensarbeitszeit sowie eine Absenkung des Rentenniveaus, die heute bereits über den *Nachhaltigkeitsfaktor* in der *Rentenformel* feststeht, vorbeikommen.

Grafik 1: *Entwicklung Rentenniveau in Prozent des durchschnittlichen Jahreseinkommens vor Steuern bei 45 Beitragsjahren*

Quelle: Deutsche Rentenversicherung Bund, eigene Darstellung, ab 2017 Schätzung voraussichtliche Entwicklung Rentenversicherungsbericht der Bundesregierung

Viel interessanter ist es allerdings, nicht nur einen zurückliegenden Anlage-zeitraum zu betrachten, sondern sich unterschiedliche *rollierende Zeiträume* der letzten 50 Jahre anzuschauen. Dadurch kann eine stabile Aussage über die Erträge des Aktienmarktes gemacht werden. Die nachfolgende Auswertung zeigt, welche Mindest-Erträge in unterschiedlichen Zeiträumen durch eine Anlage am deutschen Aktienmarkt in den letzten 50 Jahren erzielt werden konnten.

Grafik 24: *Wertentwicklung deutscher Aktienmarkt pro Jahr seit 1970 bei unterschiedlichen rollierenden Zeiträumen*

Rollierender Anlagezeitraum in Jahren	über 6,5%	über 7%	über 7,5%	über 8%	über 8,5%	über 9%	Durch-schnitt Ertrag p.a. in %
30	100	85	85	71	67	57	8,8
35	100	94	94	94	69	50	8,8
40	100	100	100	82	64	37	8,6
45	100	100	100	100	0	0	8,4

Quelle: Anzahl Zeiträume in Prozent, Zahlen Deutsches Aktieninstitut, Stand 31.12.2020, eigene Darstellung

Seit 1970 gibt es keinen 30-Jahreszeitraum, in welchem der Anleger nicht mindestens 6,5% p.a. durchschnittlich verdient hat. In 85% der 30-Jahres-zeiträume wurde eine Wertentwicklung von über 7,5% erwirtschaftet. Ab einem rollierenden Zeitraum von 40 Jahren wurden immer 7,5% erzielt. Durchschnittlich wurden in allen Zeiträumen über 8,0% pro Jahr erreicht. Ein ähnliches Ergebnis ergibt sich, wenn in den Aktienmarkt monatlich gespart wird.

KAPITEL 2

Wie kann jeder prüfen, wie man sparen kann?

Wer kennt nicht die Vorbehalte:

... „Ich habe kein Geld für die Altersvorsorge"

... „Mir reicht das Geld schon heute hinten und vorne nicht" oder

... „Ich lebe jetzt und nicht in 40 Jahren"

Trotzdem. Die Aussage bleibt und ist in Stein gemeißelt. Die gesetzliche Rente wird vielen im Alter nicht ausreichen, und Sparen für die Altersvorsorge ist deshalb wichtig und ein Muss für jeden.

Letzten Endes ist es eine Frage der Priorisierung und ob man sparen will. Jeder kennt seine eigene Situation am besten. Nur der Einzelne kann für sich entscheiden, was für ihn wichtig ist und was nicht. Jeder soll auch für sich entscheiden, wie und für was er sein Geld ausgibt. Natürlich ist eine private Altersvorsorge in aller Regel mit einem Verzicht verbunden. Allerdings wird man auch dafür belohnt. Ich bin der festen Überzeugung, dass der Preis für den Verzicht nicht zu hoch und für nahezu jeden bezahlbar sein dürfte. Tatenlos zuzusehen und nichts zu tun, kann unangenehm und teuer werden. Oft geht es nur darum, seine Komfortzonen zu verlassen und Dinge, die zur Gewohnheit geworden sind, zu hinterfragen. Brauche ich wirklich täglich einen Coffee to go oder nehme ich meinen Kaffee von zu Hause mit? Muss ich mir das Frühstücksbrötchen beim Bäcker oder Metzger holen oder kann ich mir meine Semmel zu Hause richten? Brauche ich den super Handy-Vertrag oder reicht mir ein Vertrag, der meine Bedürfnisse abdeckt? Brauche ich die ganzen Genussmittel und Süßigkeiten in der Menge oder tut es etwas weniger auch? Hinterfragen Sie einfach Ihre Gewohnheiten.

Wussten Sie, dass

... der tägliche Coffee to go rund 2 bis 3 Euro kostet? Dies sind in der Woche 12,50 Euro und im Monat 50 Euro. In 10 Jahren sind dies immerhin 6.000 Euro.

... der tägliche Genuss einer Schachtel Zigaretten in 10 Jahren satte 23.520 Euro verdampft?

... eine reine Risikoversicherung im Vergleich zu einer Kapital-Lebensversicherung deutlich günstiger ist, die Familie und die Risiken bei einem Hauskauf aber genauso gut absichert? Der eingesparte Monatsbeitrag kann sich hierbei durchaus auf 50 bis über 100 Euro belaufen.

... sich die Zahl der Fitness-Studio-Verträge von 2007 bis 2018 mehr als verdoppelt hat? Schätzungen zufolge die Deutschen aber regelmäßig rund 500 Mio. Euro für Studio-Beiträge verschwenden, da sie das Sportstudio nur auf dem Kontoauszug und nicht von innen sehen.

... sich die Hälfte der Deutschen spätestens alle 3 Jahre ein neues Smartphone anschafft?

... die Deutschen für Genussmittel wie Tabak, Alkohol und Süßigkeiten im Monat mehr ausgeben als für gesunde Nahrungsmittel wie Gemüse, Fleisch und Obst?

... über 35 % der Deutschen begeisterte Lotteriespieler sind, obwohl nur 5 % der Lotteriespieler überhaupt etwas gewinnen?

... im Jahr rund 15 Mrd. Euro allein für Weihnachtsgeschenke ausgegeben werden?

... jährlich über 100 Millionen Euro für Silvesterfeuerwerkskörper „verballert" werden?

Jeder sollte für sich prüfen, wo und wie er ein wenig Geld für die Altersvorsorge einsparen kann. Eine private Alterssicherung ist bereits mit kleinen regelmäßigen Sparraten von 25 Euro monatlich möglich und auch sinnvoll. Nahezu jeder sollte in der Lage sein, einen kleinen Sparbetrag regelmäßig beiseite zu legen.

KAPITEL 3

Wie sieht es mit dem Sparen aus?

Wussten Sie, dass

  ... die Deutschen ein **Geldvermögen** von knapp 7 Billionen
      Euro gespart haben?

  ... das Vermögen überwiegend in Bankeinlagen und „sicheren"
      Anlagen investiert ist?

  ... die Zinsen für Bankeinlagen in den letzten 20 Jahren ständig
      gefallen sind und gerade einmal bei durchschnittlich 1,3 %
      pro Jahr lagen?

Deutschland spart. Deutschland wird im internationalen Vergleich sogar als Sparweltmeister bezeichnet. Gespart wird über alle Bevölkerungsschichten. Wird gespart, dann wird auch ordentlich gespart. Von jeden 100 Euro Einkommen werden über 10 Euro auf die Seite gelegt. Die Höhe des individuellen Sparens ist von der sozialen Stellung, des Berufsstandes, des Einkommens und des Alters abhängig.

In einem sind sich die Deutschen allerdings einig: Das liebste Kind des Deutschen war und ist das Sparen bei der Bank. Über 75 % der Bevölkerung bevorzugen auch heute noch, trotz fehlender Zinsen, das Sparbuch oder das Festgeld bei der Bank. Von den knapp 7 Billionen Euro sind über 40 % in Bankguthaben und weitere 45 % in ebenfalls „sicheren" Anlagen wie *Schuldverschreibungen* oder Kapitallebensversicherungen investiert. Lediglich rund 15 % sind entweder direkt oder über Investmentfonds im ertragsstarken *Aktienmarkt* angelegt. Und gerade darin liegt der Unterschied zu vielen anderen Ländern. Dort ist der Anteil des am Aktienmarkt investierten Geldvermögens deutlich höher.

Grafik 2: *Wie legen die Deutschen ihr Geld an?*

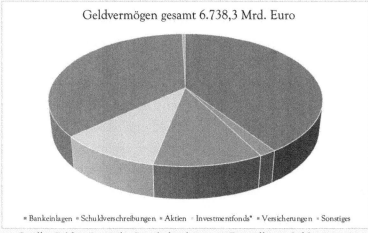

Geldvermögen gesamt 6.738,3 Mrd. Euro

▪ Bankeinlagen ▪ Schuldverschreibungen ▪ Aktien ▪ Investmentfonds* ▪ Versicherungen ▪ Sonstiges

Quelle: Zahlen Deutsche Bundesbank, eigene Darstellung, Geldvermögen private Haushalte in Deutschland, Stand 30.09.2020, *rund 50% sind am Aktienmarkt investiert

Schauen wir uns einmal etwas genauer an, wie sich die einzelnen Anlageformen in der Vergangenheit rentiert haben.

Die jährliche Verzinsung von *Spareinlagen* ist seit 1970 ständig gefallen und lag in diesem langen Zeitraum durchschnittlich bei rund 2,4% pro Jahr, seit der Jahrtausendwende gerade einmal bei durchschnittlich 1,3%. Heute liegt die Verzinsung bei 0%.

Wie die Grafik zeigt, wird das Rentenniveau auf Basis der aktuellen Berechnungslogik zum Jahr 2030 auf 44,3 % des Bruttoverdienstes fallen. Durch den Koalitionsvertrag von 2018 ist das Rentenniveau zunächst bis 2025 auf 48 % festgeschrieben. Die Rentenbeiträge, die Anfang 2021 18,6 % des Bruttoverdienstes betragen, dürfen bis 2025 auf maximal 20 % steigen.

Ob die gesetzliche Rente jedem einzelnen einmal ausreichen wird oder nicht, muss jeder für sich selbst einschätzen und entscheiden. Jeder sollte jedoch möglichst frühzeitig sein Umfeld und seine Situation prüfen. Privat vorzusorgen ist nie ein Fehler, es ist für jeden eigentlich ein Muss. Auch wenn das Sparmotiv „Altersvorsorge" bei jungen Menschen ziemlich weit hintenangestellt wird und erst mit 50 Jahren stärker in den Vordergrund tritt, sollte man sich rechtzeitig mit dem Thema befassen. Hält man erst einmal seinen Rentenbescheid in der Hand, dann ist es zu spät, um gegenzusteuern. Die Überraschung ist dann oft groß und an die Stelle von Unbeschwertheit tritt häufig Verärgerung oder gar Wut. Und das Schlimmste ist: Man kann nichts mehr ändern.

Kernaussage!

Die gesetzliche Rente wird nicht ausreichen, um im Alter seinen Lebensstandard halten und ein finanziell auskömmliches und unbeschwertes Leben führen zu können. Man muss rechtzeitig über Möglichkeiten einer privaten Altersvorsorge nachdenken, um Altersarmut zu vermeiden.

Grafik 3: *Entwicklung jährlicher Zinssatz für Spareinlagen in Deutschland*

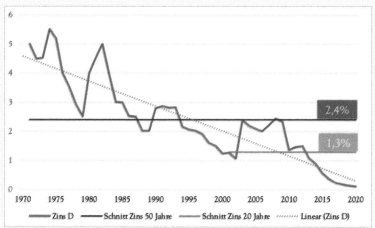

Quelle: Zahlen Deutsche Bundesbank, eigene Berechnungen und Darstellung,
Einlagen privater Haushalte mit 3-monatiger Kündigungsfrist (Januarwerte,
1972 bis 1975 Februarwerte)

Auch die Verzinsung von Schuldverschreibungen ist seit 1970 kontinuierlich gefallen. Unter Schuldverschreibungen versteht man Zinspapiere, die von Unternehmen wie Banken, Industrieunternehmen oder auch Staaten ausgegeben werden. Zinspapiere zahlen dem Erwerber einen im Voraus festgelegten jährlichen Zins. Als sicherste Schuldverschreibungen (beste Bonität) gelten *Bundesanleihen*. Schuldner ist hier die Bundesrepublik Deutschland. Die gewichtete Entwicklung der Zinsen für Schuldverschreibungen bester *Bonität* werden in Form der *Umlaufrendite* laufend von der *Deutschen Bundesbank* berechnet. Sie spiegelt also die Rendite von sicheren Schuldverschreibungen über alle Laufzeiten wider.

Wer sein Geld in der Vergangenheit in Bundesanleihen angelegt hat, konnte in den letzten 50 Jahren durchschnittlich immerhin satte 5% jährlich vereinnahmen. Allerdings ist auch dieser Zins in den letzten 30 Jahren deutlich auf durchschnittlich 3,5% und bis zuletzt in den Minusbereich gefallen.

Grafik 4: *Entwicklung Umlaufrendite (Staatsanleihen) in Deutschland*

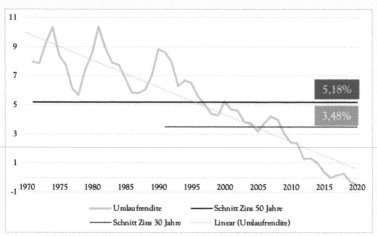

Quelle: Zahlen Deutsche Bundesbank, eigene Berechnungen und Darstellung

Im Gegensatz zu einer Zinsanlage ist der deutsche *Aktienmarkt* (DAX 30) seit 1970 trotz der extrem negativen Entwicklungen in 2000 (Platzen der Internetblase) und 2008 (Finanzkrise) unter Schwankungen deutlich gestiegen. Im langfristigen Vergleich konnte über eine Anlage in deutschen Aktien ein jährlicher *Ertrag* von über 8% vereinnahmt werden.

Grafik 5: *Entwicklung deutscher Aktienmarkt (DAX 30) seit 1970*

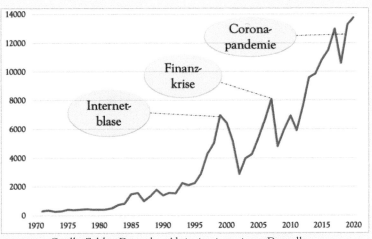

Quelle: Zahlen Deutsches Aktieninstitut, eigene Darstellung

Grafik 5 stellt die Entwicklung des deutschen Aktienmarktes anhand des jeweiligen Indexstandes DAX 30 seit 1970 dar. Oft kommt man bei der Betrachtung zu dem Eindruck, dass der Aktienmarkt in den 70er Jahren kaum gestiegen ist und die Ausschläge ab der Jahrtausendwende extrem groß waren. Dieser Eindruck täuscht, da die absoluten Indexstände abgetragen sind. Aus diesem Grund stellt man langfristige Entwicklungen häufig über eine logarithmische Skalierung oder Grafik dar. Bei einer logarithmischen Darstellung werden auf der Skala die prozentualen Veränderungen abgetragen. Das heißt, ein Anstieg des Aktienmarktes um 10% wird in jeder Phase mit dem gleichen Abstand abgetragen. Dies führt zu einer Glättung und einer klareren Darstellung der Entwicklung. Grafik 6 verdeutlicht den Zusammenhang.

Grafik 6: *Entwicklung deutscher Aktienmarkt (DAX 30) seit 1970 – logarithmische Darstellung*

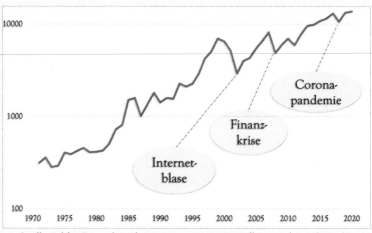

Quelle: Zahlen Deutsches Aktieninstitut, eigene Darstellung mit logarithmischer Skalierung

Wie wir gesehen haben, gibt es verschiedene Möglichkeiten zu sparen. Außer Frage steht, dass Sparen für jeden ein Muss sein sollte. Aber es muss auch richtig gespart werden, vor allem, wenn man langfristig ein Vermögen aufbauen will. Sparen lohnt sich nur dann, wenn sich das angesparte Geld auch vermehren kann. Hierzu muss das Geld ertragreich angelegt werden. Nur dann kann ein Vermögen heranwachsen. Entscheidend hierbei ist, welche Anlageform man für das Sparen auswählt.

Schauen wir uns an wie sich eine Anlage von 1.000 Euro in den letzten 30 Jahren in unterschiedlichen Anlageformen entwickelt hat.

Grafik 7: *Entwicklung von 1.000 Euro: Spareinlagen, Schuldverschreibungen und Deutsche Aktien seit 1990*

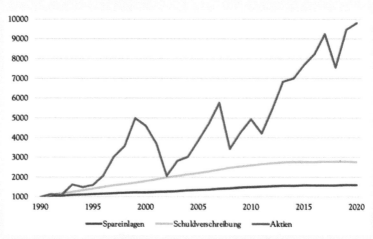

Anlagezeitraum	Spareinlagen	Schuldver- schreibung	Deutsche Aktien
5 Jahre (2015 bis 2020)	1.010 €	1.009 €	1.277 €
15 Jahre (2005 bis 2020)	1.182 €	1.260 €	2.537 €
25 Jahre (1995 bis 2020)	1.405 €	1.953 €	6.097 €
30 Jahre (1990 bis 2020)	1.595 €	2.767 €	9.821 €
Ertrag nach 30 Jahren	595 €	1.767 €	8.821 €

Quelle: Zahlen Deutsches Aktieninstitut, Deutsche Bundesbank, eigene Berechnungen und Darstellung

Es ist ein Unterschied, ob man sein Geld bei der Bank oder am ertragsstarken Aktienmarkt angelegt hat. So konnte am Aktienmarkt ein fünfmal so hoher Ertrag im Vergleich zu Schuldverschreibungen erwirtschaftet werden und ein fast fünfzehnfach höherer Ertrag als bei Spareinlagen.

Deutlich überlegen wird eine ertragsstarke Anlage gerade dann, wenn langfristig gespart wird und die jährlichen Erträge wieder mit angelegt werden.

Dieser *Zinseszinseffekt* führt dazu, dass sich das Vermögen gerade bei langen Ansparphasen und ertragsstarken Anlagen überdurchschnittlich stark entwickelt.

Grafik 8: *Entwicklung von 1.000 Euro bei 2,5% Zins mit und ohne Zinseszinseffekt*

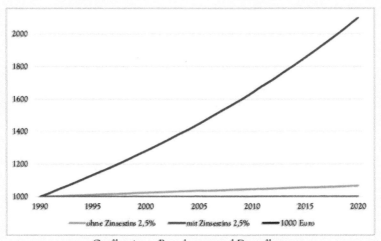

Quelle: eigene Berechnung und Darstellung

Grafik 26: *Schwankungsneigung (Volatilität) Lufthansa-Aktie, DAX 30 und MSCI World Index*

	Lufthansa-Aktie	DAX 30	MSCI World
Volatilität	40,8	17,7	13,7

Quelle: eigene Berechnungen, 5-Jahres-Volatilität, Stand 31.03.2021

Eine breit aufgestellte und international ausgerichtete Aktienanlage bietet die bestmögliche Streuung. Sie kann sich auf verschiedene Länder, Regionen, Branchen, Sektoren und Unternehmen erstrecken.

Grafik 27: *Gegenüberstellung Aktie Lufthansa, DAX 30 und MSCI World*

Kriterium	Lufthansa-Aktie	DAX 30	MSCI World
Anzahl Unternehmen	1	30	Über 1600
Länder	1	1	23 in Amerika, Europa und Asien.
Branchen	Nur eine Branche über ein Unternehmen.	Branchen werden teilweise nur durch ein oder zwei Unternehmen abgedeckt. Einzelne Branchen oder Teilsektoren wie z.B. Rohstoffe werden überhaupt nicht berücksichtigt.	Alle Branchen und Teilsektoren werden durch viele Unternehmen in unterschiedlichen Ländern abgedeckt.
Unternehmensspezifisches Einzelrisiko	Ja	Nein	Nein
Streuung	Nein	Mittel	Sehr hoch

Quelle: eigene Darstellung

KAPITEL 4

Warum schmälert Inflation den Ertrag einer Anlage?

Wussten Sie, dass

... *die Inflation den jährlichen Zinsertrag für Spareinlagen in der Vergangenheit nahezu ganz aufgezehrt hat?*

Was versteht man eigentlich unter *Inflation*? Inflation ist nichts anderes als die Preissteigerung von Gütern. Historisch gesehen lag die jährliche Inflation in Deutschland bei rund 2,5%. Seit dem Jahrtausendwechsel ist die jährliche Inflation auf knapp 1,5% gefallen. Dies bedeutet, dass der Preis eines Produktes im Laufe eines Jahres um 1,5% teurer geworden ist. Oder: man musste am Ende des Jahres einen größeren Betrag aufwenden, um das gleiche Produkt kaufen zu können. Ein Produkt, das am Jahresanfang 100 Euro gekostet hat, kostete am Ende eines Jahres 101,50 Euro. Umgekehrt waren die 100 Euro am Ende des Jahres nicht mehr 100 Euro, sondern nur noch 98,50 Euro wert. Unter Inflation wird die *Geldentwertung*, also das Absinken der *Kaufkraft* bezeichnet. Dies macht sich für den Verbraucher durch den Preisanstieg der Produkte bemerkbar.

Grundsätzlich ist eine moderate Inflation für die *Wirtschaftsentwicklung* gut und auch gewollt. Inflation kurbelt die *Konjunktur* an. Warum? Wenn man sich beispielsweise ein Fahrrad kaufen möchte und weiß, dass dieses Fahrrad in einem Jahr teurer ist als heute, dann wird man das Fahrrad lieber heute als morgen kaufen. Inflation regt also die Kaufbereitschaft und somit die Nachfrage an. Ähnliche Effekte kann man z. B. bei Mehrwertsteuererhöhungen oder -senkungen, wie in den Jahren 2020 und 2021, beobachten. Konsumenten machen ihre Kaufentscheidung unter anderem davon abhängig, wie sie die Preise in der Zukunft einschätzen.

Während *Inflationsraten* um die zwei Prozent die Wirtschaftsentwicklung positiv beeinflussen, sind zu hohe Inflationsraten schädlich bzw. würgen eine positive Wirtschaftsentwicklung geradezu ab. Um negative Auswirkungen der Inflation auf die Konjunktur zu vermeiden, hat sich die *Europäische Zentralbank (EZB)* zum Ziel gesetzt, die Inflationsrate nah bei zwei Prozent zu halten bzw. dahin zu steuern. Alle zins- und konjunkturpolitischen Entscheidungen richtet die EZB deshalb an dieser Zielsetzung aus. Wie stark Geld an Kaufkraft, insbesondere über einen langen Zeitraum, verliert, zeigt die nachfolgende Grafik.

Grafik 10: *Entwicklung der Kaufkraft von 1.000 Euro seit 1970 unter Berücksichtigung der historischen Inflation*

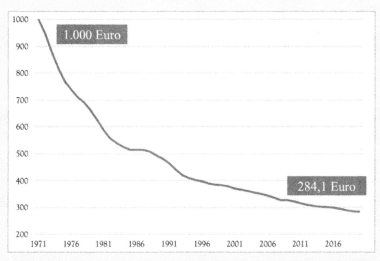

Jahre	1	5	15	30	50
Kaufkraft von 1.000 Euro	946,00 €	736,80 €	515,10 €	369,90 €	284,10 €
Kaufkraftverlust	5,4 %	26,3 %	48,5 %	63,0 %	71,6 %
Betrag, der 1.000 Euro Kaufkraft entspricht	1.054,00 €	1.332,80 €	1.877,30 €	2.588,50 €	3.356,60 €

Quelle: Zahlen Statistisches Bundesamt, eigene Berechnungen anhand der tatsächlichen Inflation, Ausgangsjahr 1971

Grafik 9: *Zinseszinseffekt bei 2,5%, 5% und 8% jährlichem Ertrag*

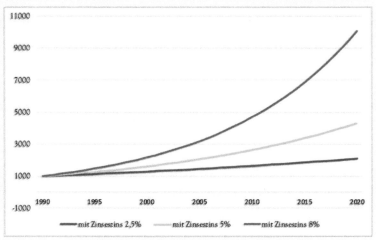

Quelle: eigene Berechnung und Darstellung

Beim Aufbau eines Altersvermögens reden wir über einen langen Anlagezeitraum, ebenso wie bei der gesetzlichen Rentenversicherung. Auch hier gilt
der Grundsatz: Je länger jemand in die gesetzliche Rente einbezahlt, umso
höher wird am Ende die Rente sein. Gleiches gilt für den Aufbau eines privaten
Altersvermögens. Je früher damit begonnen wird, umso höher wird am Ende
das Vermögen sein. Deshalb sollte mit dem „Alterssparen" spätestens mit dem
Eintritt ins Berufsleben begonnen werden. Insofern steht bis zum Renteneintritt
eine Anlagedauer von durchaus 30 bis 40 Jahren zur Verfügung. Für diesen
langen Anlagezeitraum muss in eine renditestarke Anlage investiert werden.

Kernaussage!

Sparen ist ein Muss für jeden. Sparen ist dann erfolgreich, wenn man rechtzeitig damit beginnt und in eine ertragsstarke Anlage investiert. Es muss also langfristig und ertragsstark gespart werden. Nur so ist der Aufbau eines privaten Altersvermögens überhaupt möglich. Die Spareinlagenverzinsung reicht hierbei bei Weitem nicht aus.

Die Inflation führt zu einer Reduzierung der Kaufkraft. Eine Geldanlage sollte deshalb diesen *Kaufkraftverlust* zumindest ausgleichen. Ansonsten führt die Inflation dazu, dass trotz Sparens die Kaufkraft verloren geht. Ganz konkret: Eine Anlage von 1.000 Euro musste nach 50 Jahren einen Ertrag von 2.356,60 Euro erwirtschaften, damit am Ende die ursprüngliche Kaufkraft erhalten blieb. 2020 musste also ein Vermögen von 3.356,60 Euro zur Verfügung stehen. Erst ab einem Ertrag von 2.356,60 Euro konnte Vermögen überhaupt aufgebaut oder vermehrt werden.

Seit 1970 war die jährliche Inflation sogar oft höher als die vereinnahmten Zinsen für Spareinlagen. Dies führte dazu, dass die *Realverzinsung,* d. h. die tatsächliche Verzinsung nach Kaufkrafterhalt, negativ war. Die Verzinsung bei einer Geldanlage vor Inflation nennt man nominale Verzinsung. Wichtig ist aber der Ertrag nach Inflation, die reale Verzinsung einer Anlage.

Grafik 11: *Entwicklung Zinsen Spareinlagen, Inflation und Realverzinsung pro Jahr seit 1970*

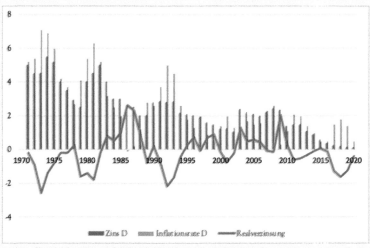

Quelle: Zahlen Deutsche Bundesbank, Statistisches Bundesamt, eigene Berechnungen und Darstellung, Realverzinsung: Differenz Zinssatz minus Inflationsrate

Bei einer durchschnittlichen Verzinsung der Spareinlagen seit 1970 von 2,4% p.a. war es bei einer jährlichen Inflationsrate von rund 2,6% nicht möglich, die Kaufkraft zu erhalten, geschweige denn ein Vermögen aufzubauen. Nicht viel anders sah es in den letzten 30 Jahren aus. Zwar fiel die Inflationsrate auf ein Niveau von 1,7% pro Jahr. Allerdings sind die Zinsen ebenfalls auf knapp 1,6% pro Jahr zurück gegangen.

Grafik 12: Entwicklung 1.000 Euro Anlage in Spareinlagen vor Inflation (nominal) und nach Inflation (real) seit 1990

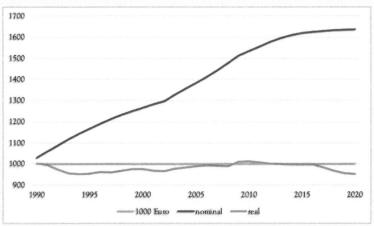

Quelle: Zahlen Deutsche Bundesbank, Statistisches Bundesamt, eigene Berechnungen und Darstellung, ohne Gebühren und Steuern

Um die Inflation zu verdienen, musste sich eine Anlage nach 20 Jahren mindestens verdoppeln. Erst dann konnte der Kaufkraftverlust von über 50% ausgeglichen werden. Das Ziel ist aber nicht Kaufkrafterhalt, sondern die Vermehrung des Vermögens. Insofern ist eine Anlage notwendig, die deutlich mehr Ertrag abwirft als die reine Inflation. Nur dann kann auch tatsächlich Vermögen gebildet werden.

Deutlich freundlicher stellt sich die Entwicklung bei einer Aktienanlage dar. Diese erreichte im gleichen Zeitraum durchschnittliche Erträge von über 8% pro Jahr. Nicht nur die Inflation konnte hier mehr als ausgeglichen werden. Es konnte zusätzlich ein ansehnliches Vermögen aufgebaut werden. Wie hat sich eine Anlage in deutschen Aktien von 1.000 Euro vor und nach Inflation entwickelt?

Grafik 13: Entwicklung 1.000 Euro in deutschen Aktien (DAX 30) vor Inflation (nominal) und nach Inflation (real) seit 1990

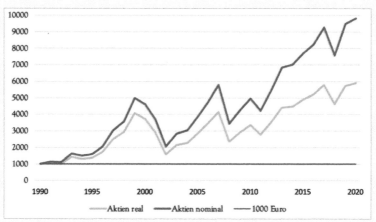

Quelle: Zahlen Deutsches Aktieninstitut, Statistisches Bundesamt, eigene Berechnungen und Darstellung, ohne Gebühren und Steuern

Betrachten wir verschiedene Anlageformen seit 1990, so kann man feststellen, dass über die Aktienanlage im Gegensatz zu einer Zinsanlage trotz zum Teil hoher jährlicher Schwankungen die Kaufkraft erhalten und zusätzlich ein ansehnliches Vermögen aufgebaut werden konnte.

KAPITEL 5

Was sind die Grundlagen der Geldanlage?

Wussten Sie, dass

... *eine Geldanlage immer im Zielkonflikt von mehreren Zielen steht und nur Sie diesen Zielkonflikt auflösen können?*

Damit man für sich die richtige Geldanlage auswählen kann, müssen ein paar Grundsätze und Zusammenhänge betrachtet und auch befolgt werden. Es gibt nicht die „eierlegende Wollmilchsau", die alles kann und die für jedes Ziel geeignet ist. Sie sollten sich zumindest die drei nachfolgenden wichtigen W-Fragen stellen:

- Was ist das Ziel meiner Geldanlage?
- Wie lange steht mir das Geld für eine Anlage zur Verfügung?
- Welches Risiko bin ich bereit einzugehen?

Es reicht nicht aus zu wissen, wie viel Ertrag eine Anlage in Aussicht stellt oder man gerne haben möchte. Vielmehr ist es genau so wichtig zu wissen, mit welchem Risiko man sich diese Erträge erkaufen muss. Daneben spielt bei der Entscheidung über eine Geldanlage auch die Verfügbarkeit der Anlage eine wichtige Rolle. Man muss also die Frage beantworten, wann man das Geld voraussichtlich wieder benötigt. Insgesamt muss man in der Lage sein, eine Anlage zu bewerten, um dann zu entscheiden, ob die Anlage zu einem selbst und seinem Anlageziel passt. Diese Entscheidung muss jeder für sich selber treffen. Kein Freund, kein Bankberater, kein Fachmagazin und auch kein selbst ernannter Börsenguru kann Ihnen diese Entscheidung abnehmen. Das wäre auch fatal, da nur Sie sich selbst am besten kennen. Sie müssen entscheiden, denn Sie allein tragen auch die Verantwortung. Anlageentscheidungen am Stammtisch sollten nicht über Erfolg oder Misserfolg Ihrer Anlage entscheiden.

Diesen Konflikt der unterschiedlichen Anlageziele nennt man auch das magische Dreieck der Geldanlage. Sie müssen diesen Zielkonflikt auflösen, indem Sie für sich entscheiden, was für Sie wichtig ist.

Grafik 15: *Das magische Dreieck der Geldanlage*

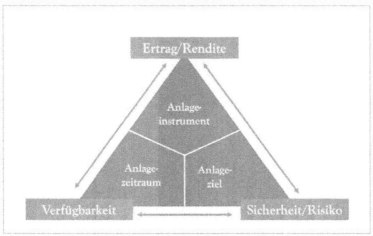

Quelle: eigene Darstellung

Schauen wir uns die drei Zielsetzungen etwas genauer an:

1. Verfügbarkeit

Bei der Verfügbarkeit des Geldes wird die Frage beantwortet, wie schnell man über das angelegte Geld verfügen kann. Oder: Wann brauche ich das Geld wieder? Es wird also der Anlagezeitraum definiert. Während Gelder, die auf dem Girokonto geparkt werden, jederzeit verfügbar sind, sind Sparkonten oder Termineinlagen, die für einen festen Zeitraum bei der Bank angelegt sind, an feste Rückzahlungstermine oder Kündigungsfristen gebunden. Das Geld ist also über einen festgelegten Zeitraum gebunden und kann nicht für

2. Das Verlustrisiko

Keiner will mit seiner Anlage Geld verlieren. Das muss auch nicht sein. Unter Verlustrisiko wird das Risiko beschrieben, ob und in welcher Höhe man mit einer Aktienanlage Verluste erleiden, also Geld verlieren, kann.

„Aktien sind mir zu riskant", „Das ist wie in der Spielbank, da kann ich mein ganzes Geld verlieren" oder „Das ist ja wie Lotto spielen". Dies sind häufig Vorbehalte gegen eine Anlage in Aktien. Ich kann diese Vorbehalte nachvollziehen und teilweise auch verstehen. Allerdings: In Deutschland spielen rund 30% der Bevölkerung Lotto und geben jährlich über 8 Mrd. Euro dafür aus. Knapp 2 Millionen Deutsche spielen dabei für 50 Euro im Monat oder mehr. Etwas über 25% der Bevölkerung spielen regelmäßig die beliebteste Spielform 6 aus 49. Das heißt, über 20 Millionen Deutsche spielen regelmäßig über Jahrzehnte Lotto, obwohl sie wissen, dass

- die Wahrscheinlichkeit, einen 6er mit Superzahl zu tippen, gerade einmal bei 1 zu 140 Millionen liegt.
- 95% der Lottospieler einen Totalverlust erleiden und gänzlich leer ausgehen.
- nur knapp 5% der Spieler überhaupt einen Gewinn erzielen.
- der durchschnittliche Gewinn der „Gewinner" bei nur 2,50 Euro liegt.

Demgegenüber stehen gerade einmal 10 Millionen Deutsche, die entweder direkt oder über Fonds in Aktien investiert sind. Wahrscheinlich, weil sie nicht wissen, dass

- ein Totalverlust bei einer breit gestreuten Aktienanlage in der Vergangenheit ausgeschlossen werden konnte.
- das Risiko, bei einer breit gestreuten Aktienanlage Geld zu verlieren, ab einem Anlagezeitraum von 13 Jahren historisch bei null lag.
- bei einer Aktienanlage alle zu den „Gewinnern" zählen können.
- man mit 50 Euro monatlich am deutschen Aktienmarkt in den letzten 50 Jahren ein Vermögen von über 250.000 Euro ansparen konnte.

Anlagen bei einer Bank gelten per Definition als sicher. Sie unterliegen quasi keinem Verlustrisiko, da Banken aufgrund der strengen gesetzlichen Vorschriften und der Überwachung durch das Bundesaufsichtsamt für das Kreditwesen als sicher gelten. Zudem sind Einlagen bei deutschen Banken über den *Einlagensicherungsfonds* der Banken zumindest bis 100.000 Euro pro Person zusätzlich abgesichert. Da regelmäßig Zinsen bezahlt werden und Bankeinlagen nicht an der Börse gehandelt werden, unterliegt eine Bankeinlage keinem Schwankungsrisiko. Anders ist dies bei Schuldverschreibungen. Da Schuldverschreibungen in der Regel an der Börse gekauft und verkauft werden können, unterliegen sie je nach Zinsentwicklung während der Laufzeit entsprechenden Kursschwankungen (in beide Richtungen). Wird die Anleihe die gesamte Laufzeit über vom Anleger gehalten, dann spielen die Kursschwankungen keine Rolle. Hinsichtlich des Ausfallrisikos kommt es auf die Bonität des Schuldners an. Anleihen der Bundesrepublik Deutschland sind sehr sicher.

Aktienanlagen werden von deutschen Anlegern oft als hoch riskant angesehen. Dies hängt häufig damit zusammen, dass Aktiengesellschaften in *Konkurs* gehen können. Der Aktienbesitzer kann in diesem Fall Verluste bis hin zu einem Totalverlust erleiden. Darüber hinaus unterliegen Aktien im Zeitablauf einem Schwankungsrisiko, das je nach Situation auch heftiger ausfallen kann. Sowohl gegen Verlustrisiken *(Konkursrisiken)* als auch Schwankungsrisiken kann man sich durch die *Diversifikation* (breite Streuung) einer Aktienanlage weitgehend schützen.

Als risikolose Anlage ist Geld, welches einen Tag bei der Bank angelegt wird (Tagesgeld), definiert. Der Zinssatz für Tagesgeld gilt somit als Gradmesser für eine risikolose Geldanlage. Werden für eine Anlage höhere Erträge in Aussicht gestellt, so sind auch die Risiken der Anlage höher. Dieses Grundgesetz kann nicht außer Kraft gesetzt werden.

Grafik 16: *Unterschiedliche Anlageformen im Vergleich*

Anlageziel/ Anlageart	Verfügbarkeit	Ertrag	Risiko
Girokonto	Sehr hoch	Null	Kein
Sparbuch	Eingeschränkt, monatlich 2.000 Euro. Höhere Beträge müssen vorher gekündigt werden.	Geringe Verzinsung	Kein
Bankeinlagen, z. B. Terminanlagen	Eingeschränkt, bei Fälligkeit je nach Laufzeit der Anlage.	Etwas höhere Verzinsung als beim Sparbuch. Abhängig von der Laufzeit der Anlage.	Wiederanlagerisiko bei Rückzahlung (Höhe des dann gültigen Zinssatzes).
Schuldverschreibungen unterschiedlicher Laufzeiten und Bonitäten	Hoch, aber Kursschwankungen. Bei Fälligkeit, je nach Laufzeit; jederzeit zum aktuellen Börsenkurs möglich.	Abhängig von der Laufzeit, je länger die Laufzeit, umso höher die Verzinsung. Zusätzlich abhängig von der Bonität des Schuldners.	Während der Anlagedauer Kursschwankungen. Bei Rückzahlung Wiederanlagerisiko. Zusätzlich Bonitätsrisiko des Schuldners.
Breit gestreute Aktienanlage	Hoch, aber Kursschwankungen. Jederzeit zum aktuellen Börsenkurs möglich.	Langfristig attraktivste Erträge, aber mit Schwankungen.	Verlustrisiko deutlich reduziert. Kurzfristig Kursschwankungen. Diese können langfristig weitgehend vernachlässigt werden.

Quelle: eigene Darstellung

Nur der Anleger selbst kennt seine Ziele, seine Risikobereitschaft, sein persönliches Umfeld und seine Präferenzen. Er allein weiß vor allem, wann er Geld benötigt und wann er Geld einnimmt. Nachfolgende Beziehungsverhältnisse der Ziele zueinander helfen, den Zielkonflikt aufzulösen:

- Hohe und jederzeitige Verfügbarkeit kostet Ertrag. Je länger das Geld angelegt werden kann, umso mehr Ertrag kann erwirtschaftet werden.

- Je höher der anvisierte Ertrag sein soll, umso mehr Risiko muss man bereit sein einzugehen. Eine Anlage, die einen hohen Ertrag verspricht, hat immer ein höheres Risiko.

- Hohe Sicherheit wirkt sich negativ auf den Ertrag aus. Je mehr Sicherheit, desto geringer die Risiken und umso geringer der Ertrag.

- Ein höheres Risiko hat nicht automatisch einen höheren Ertrag zur Folge. Allerdings erhöhen größere Risiken die Perspektive auf mehr Ertrag. Wenn man bereit ist, höhere Risiken einzugehen, dann sollten sich die höheren Risiken auch durch einen höheren Ertrag lohnen.

- Der Ertrag ist immer das Ergebnis des Risikos, welches man bereit ist einzugehen.

Jeder muss für sich selbst prüfen, was für ihn wichtig ist und wie er diesen Zielkonflikt für sich löst. Ich habe überhaupt kein Problem damit, wenn jemand für sich entscheidet, Anlagen mit hoher Sicherheit zu wählen und sein Geld dann über Jahre als Bankguthaben vor sich herschiebt. Jeder sollte aber die Konsequenz kennen und wissen, dass bei derartigem Sparen auch bei einem langen Anlagehorizont das Vermögen nicht vermehrt werden kann.

Wenn ein Vermögen langfristig aufgebaut werden soll und das Geld langfristig für eine Anlage zur Verfügung steht, treten die Aspekte kurzfristige Verfügbarkeit der Anlage und hohe Sicherheit in den Hintergrund. Wichtig ist allerdings, dass das Verlustrisiko weitestgehend ausgeschlossen wird. Schwanken darf eine Anlage durchaus. In den Vordergrund schiebt sich, und das muss so sein, der Ertrag, der eine renditestarke Anlage fordert. Dies gilt immer. Wir reden bei der Altersvorsorge über einen Anlagezeitraum von mindestens 30 bis 40 Jahren, evtl. sogar deutlich mehr. Wie hoch am Ende das Altersvermögen sein wird, kommt gerade darauf an, wie lange und konsequent jemand spart, wie viel er bereit ist zu sparen und welche Anlage er auswählt.

Kernaussage!

Für langfristige Anlagezeiträume braucht man eine rendite-starke Anlage, um Vermögen aufzubauen. Diese darf kurzfristig schwanken, durchaus auch stärker. Das Verlustrisiko muss aber in jedem Fall weitestgehend ausgeschlossen werden.

KAPITEL 6

Warum geht es ohne Aktien nicht?

Wussten Sie, dass

... es in Deutschland deutlich mehr Lotteriespieler gibt als
Aktionäre?

Möchte man sich langfristig ein Altersvermögen aufbauen, dann kommt man an einer Anlage in *Aktien* nicht vorbei. Warum? Weil Aktienanlagen ertragsstark sind und historisch gesehen über lange Zeiträume wenig Risiko aufweisen. Sie müssen sich Zeit lassen und dürfen nicht gierig werden. Die Zeit arbeitet für Sie!

Ich hoffe, dass Sie nicht zu den Lesern gehören, die eine Aktienanlage als Teufelszeug abtun oder glauben, dass Aktienanlagen nur etwas für Reiche und Großanleger sind. Wenn doch, dann lesen Sie trotzdem weiter. Denn ich denke, das wird sich auch für Sie lohnen. Eine Aktienanlage ist für alle da und für jeden interessant. Und heute gibt es sehr bequeme und vor allem kostengünstige Möglichkeiten, auch mit sehr kleinen Beträgen in den Aktienmarkt relativ risikolos zu investieren.

Warum entstehen eigentlich diese Vorbehalte gegenüber einer Aktienanlage? Liegt es an der mangelnden Kenntnis darüber, was eine Aktienanlage tatsächlich leisten kann und darstellt? Liegt es an schlechten Erfahrungen, die man gemacht hat? Oder hat man nur gehört, dass Aktien etwas Schlechtes sind und man viel Geld mit Aktien verlieren kann?

Aber ist das wirklich so mit den Aktien? Wenn man die Aktie als Spekulationsobjekt sieht und laufend versucht, durch An- und Verkäufe sein Vermögen zu mehren, dann kann das auch gründlich in die Hose gehen. Ein übertriebener Aktionismus und Ungeduld kosten in der Regel sehr viel Erträge und auch Gebühren. Frei nach dem Motto: Hin und Her macht Taschen leer. Überlassen Sie dies den Spekulanten, die glauben, dass sie das können.

Das Verhalten vieler Menschen bei der Aktienanlage ist äußerst interessant. Studien und Untersuchungen zu dem Thema bestätigen immer wieder das Gleiche: Anleger verhalten sich sehr prozyklisch, sind häufig ungeduldig, gierig und kaufen und verkaufen Aktien zur falschen Zeit. Durch das prozyklische Anlegerverhalten entgehen dem Anleger Ertragschancen. Oft sind sogar Verluste die Folge.

Grafik 17: *Das typische Anlegerverhalten eines Aktienanlegers*

Es war richtig zu kaufen!

Ich kaufe. Es ist billiger als damals!

Jetzt schnell kaufen, bevor die Kurse weglaufen!

Verkaufen? Nein noch warten!

Ich beobachte einmal!

Vielleicht sollte ich kaufen?

Ich warte auf die Gegenbewegung!

Sollen die anderen doch ihr Geld verlieren!

Die Aktienkurse steigen!

Es reicht. Ich verkaufe!

Es wird trotzdem fallen

Gott sei Dank habe ich verkauft!

Quelle: eigene Darstellung

Häufig kauft man Aktien, wenn sie schon gut gelaufen, und verkauft die Aktien, wenn sie schon deutlich gefallen sind.

Warum ist das so? Einfach erklärt, verdrängt der Anleger, dass der Aktienmarkt der Wirtschaftsentwicklung deutlich vorausläuft. Man beschäftigt sich viel zu sehr mit der aktuellen Situation. Klar wird man in Phasen steigender Aktienkurse, die von guten Konjunktur- und Unternehmensnachrichten begleitet werden, euphorisiert und lässt sich eher zu Käufen hinreißen. Alle

Grafik 29: Zeiträume mit Verlusten am deutschen Aktienmarkt seit 1970

Anlagezeitraum	Anzahl Zeiträume mit Verlusten
1 Jahr	13
2 Jahre	14
3 Jahre	12
4 Jahre	5
5 Jahre	7
6 Jahre	4
7 Jahre	2
8 Jahre	1
9 Jahre	2
10 Jahre	2
11 Jahre	2
12 Jahre	1
ab 13 Jahre	0

Quelle: Zahlen Deutsches Aktieninstitut, Stand 31.12.2020,
eigene Berechnungen und Darstellung

Es ist wichtig, sich durch eine konsequente und disziplinierte Anlagestrategie die Erträge des Aktienmarktes auch langfristig zu sichern. Nur dann ist eine Aktienanlage auch wirklich ertragsstark. Deshalb nicht lange überlegen, wann der richtige Zeitpunkt für eine Aktienanlage sein könnte, sondern regelmäßig einen festen Betrag investieren – kein Aktionismus und keine Markteinschätzung.

Wir wollen nicht in Aktien spekulieren, sondern wollen die Aktienanlage dazu nutzen, um langfristig Vermögen aufzubauen. Das ist ein großer Unterschied. Wenn man in Aktien investiert, sollte man einige Grundregeln beherzigen. Dann wird das Geld nicht zum Spielball der Spekulation, sondern trägt dazu bei, dass Sie ein schönes Altersvermögen aufbauen können.

Hin und her macht Taschen leer!

KAPITEL 7

Was sind Aktien? Was ist der Aktienmarkt?

Wussten Sie, dass

... *Sie sich mit dem Kauf von Aktien am technischen Fortschritt und an tollen Produkten beteiligen?*

1. Was ist eine Aktie?

Kauft man eine Aktie, dann erwirbt man einen Anteil an einem Unternehmen und wird zum Miteigentümer und Gesellschafter. Man stellt dem Unternehmen damit *Eigenkapital* zur Verfügung. Eigenkapital ist für Unternehmen wichtig, um die Geschäftsentwicklung und den technischen Fortschritt zu finanzieren. Über die *Börsen* sind der Kauf und Verkauf von Aktien jederzeit sehr einfach und für jeden möglich. Börsen sind somit eine Plattform für Unternehmen, um Eigenkapital zu beschaffen, und für Anleger, um Anteile an Unternehmen zu erwerben und auch wieder zu veräußern.

Durch den Kauf einer Aktie erhält man die Rechte und Pflichten eines Unternehmers. Man hat Anspruch auf eine Gewinnbeteiligung, trägt aber auch das unternehmerische Risiko mit dem angelegten Betrag. Die Interessen des Aktionärs werden über die *Hauptversammlung* des Unternehmens eingebracht. Für Aktiengesellschaften gelten umfangreiche gesetzliche Informationspflichten. Somit kann sich ein Aktionär aus erster Hand über „sein" Unternehmen sehr gut informieren. Alles rund um die Aktiengesellschaft, wie die Gründung, die Rechtsverhältnisse zwischen der Gesellschaft und den Gesellschaftern, Kapitalmaßnahmen und die Auflösung der Aktiengesellschaft, regelt das *Aktiengesetz.*

Um das unternehmensspezifische Risiko und das damit verbundene Verlustrisiko zu minimieren bzw. weitestgehend auszuschließen, sollte man nicht nur in ein Unternehmen, sondern in ein ganzes Bündel von Aktien, d.h. in ganze *Aktienmärkte* investieren. Ein einzelnes Unternehmen kann insolvent gehen, aber der gesamte Aktienmarkt nicht. Es gilt der Grundsatz: je mehr Aktien, desto geringer das Risiko. Frei nach dem Motto: „Lege nicht alle Eier in einen Korb".

Lege nicht alle Eier in einen Korb!

2. Was ist der Aktienmarkt?

Der Aktienmarkt ist ein spezielles Marktsegment der Finanzmärkte. Die Einteilung eines Aktienmarktes erfolgt nach unterschiedlichen Kriterien. Geläufig ist die Einteilung nach Ländern oder Regionen. Spricht man z. B. vom deutschen Aktienmarkt, so meint man umgangssprachlich den DAX 30. Dieser Aktienmarkt verkörpert die 30 größten Aktienwerte in Deutschland, wie z. B. die Unternehmen Allianz Versicherung, Daimler, Bayer oder Merck. Daneben gibt es in Deutschland noch andere Aktienmarktsegmente, wie das Segment der kleinen oder mittelgroßen Aktienwerte. Des Weiteren können Aktienmärkte nach Sektoren oder Branchen sowie nach Themen gebündelt werden.

Die einzelnen Aktienmärkte werden durch *Aktienindices* abgebildet. Aktienindices umfassen alle Aktienunternehmen des definierten Aktienmarktsegmentes. Es wird quasi ein virtueller Topf von Aktien zusammengestellt. Die Gewichtung der einzelnen Aktien erfolgt in der Regel über den *Börsenwert* (Anzahl Aktien des Unternehmens x Aktienkurs). Da sich die Kurse der Aktienwerte in einem Index unterschiedlich entwickeln und sich somit auch die Gewichtung verschiebt, wird der Index laufend an die neue Gewichtung angepasst. Anhand der Entwicklung des Index kann die Kursentwicklung eines Aktienmarktes nachvollzogen werden.

Sprechen wir vom weltweiten Aktienmarkt, so wird dieser über den MSCI World Index abgebildet. Dieser Index umfasst weltweit über 1600 große Aktienwerte in 23 Ländern und enthält damit Unternehmen von allen Branchen der Welt. Aufgrund der breiten Ausrichtung ermöglicht dieser Index die größtmögliche Streuung und somit das geringste Risiko einer Aktienanlage.

Grafik 18: *Zusammensetzung MSCI World Index nach Ländern in Prozent*

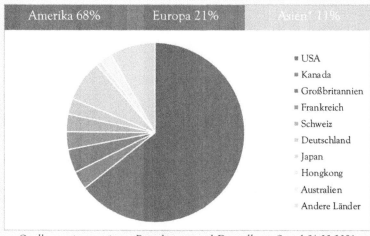

Quelle: msci.com, eigene Berechnung und Darstellung, Stand 31.03.2021, *inklusive Australien und Neuseeland

Grafik 14: *Entwicklung 1.000 Euro Spareinlagen, Schuldverschreibung und deutsche Aktien vor Inflation (nominal) und nach Inflation (real)*

Anlageform/ Anlagedauer	Spareinlage		Schuldverschreibung		Aktien	
	nominal	real	nominal	real	nominal	real
5 Jahre	1.135 €	952 €	1.417 €	1.198 €	1.611 €	1.370 €
10 Jahre	1.232 €	972 €	1.802 €	1.436 €	4.601 €	3.719 €
15 Jahre	1.347 €	986 €	2.193 €	1.624 €	3.870 €	2.875 €
20 Jahre	1.493 €	1.010 €	2.903 €	1.785 €	4.946 €	3.363 €
25 Jahre	1.578 €	996 €	2.774 €	1.775 €	7.695 €	4.896 €
30 Jahre	1.595 €	950 €	2.767 €	1.671 €	9.821 €	5.905 €
Ertrag 30 Jahre	595 €	-50 €	1.767 €	671 €	8.821 €	4.905 €

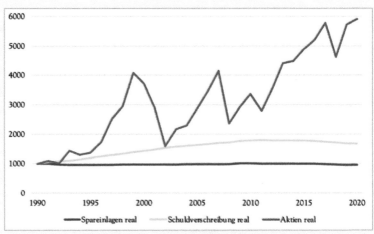

Quelle: Zahlen Deutsche Bundesbank, Statistisches Bundesamt, Deutsches Aktieninstitut, eigene Berechnungen und Darstellung, Schuldverschreibungen: Umlaufrendite, Aktien: DAX 30, ohne Gebühren und Steuern

Die Aktienanlage war die letzten 30 Jahre mit Abstand die renditestärkste Anlage. Allerdings zeigt die Tabelle auch, dass der Ertrag durch die Inflation deutlich geschmälert wurde. Die Inflation hat den Ertrag um fast die Hälfte „aufgefressen". Im Gegensatz zu 8.821 Euro konnten nach Abzug der Inflation aber immer noch 4.905 Euro erzielt werden. Bei beiden Zinsanlagen wurde, wenn überhaupt, eine sehr magere Rendite erzielt.

Nach deutschem Steuerrecht sind Kapitaleinkünfte zu versteuern. Da sich die steuerliche Behandlung im Zeitablauf ändern kann und sich nach dem individuellen Umfeld des Anlegers richtet, wurde dieser Aspekt in den Ausführungen nicht berücksichtigt.

Kernaussage!

Bankguthaben, die von deutschen Anlegern präferiert werden, schafften es in der Vergangenheit über lange Zeiträume unter Berücksichtigung von Inflation und Steuerbelastung nicht, die Kaufkraft des Geldes zu erhalten. Es konnte kein Vermögen nachhaltig aufgebaut werden. Nur über eine ertragsstarke Anlage kann langfristig ein Altersvermögen angespart werden. Eine Anlage in Aktien spielt hierbei eine bedeutende Rolle. Kurzfristige Schwankungen können dabei vernachlässigt werden.

Aktien

Inflationssorgen - Fehlanzeige!

Grafik 21: *Kurs und Performanceindex MSCI im Vergleich seit 1995*

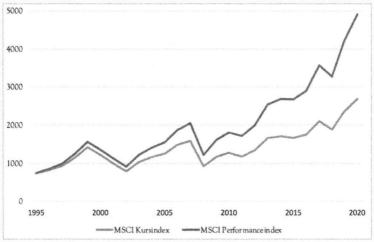

Quelle: eigene Darstellung

Als Aktionär trägt man die unternehmensspezifischen Risiken eines Unternehmens. Um diese auszuschließen oder deutlich zu reduzieren, sollte immer in breit diversifizierte Aktienmärkte investiert werden. Die größtmögliche Diversifikation ermöglicht der MSCI World Index. Anhand von Aktienindices kann man die Entwicklung einzelner Aktienmärkte nachvollziehen. Performanceindices enthalten alle Erträge der Aktien, deshalb entwickelt sich ein Performanceindex besser als ein reiner Kursindex. In den Medien wird beim DAX in der Regel der Performanceindex, beim MSCI World der Kursindex dargestellt.

Liegt das KGV über 25, spricht man von einem teuren oder überbewerteten Aktienmarkt. Es gibt auch Übertreibungen nach beiden Seiten. So wurden im Jahr 2000 kurz vor dem Platzen der Internetblase über das 30-fache der Gewinne für den Aktienmarkt bezahlt. Für eine Beurteilung ist somit nicht die absolute Höhe des Aktienmarktes entscheidend, sondern die relative Betrachtung zu den Gewinnen. Deshalb sind Informationen hinsichtlich der künftigen Gewinnentwicklung für Aktienanleger von enormer Bedeutung. Es geht darum, die Gewinne von Aktiengesellschaften in der Zukunft einzuschätzen.

Neben dem KGV gibt es noch eine Vielzahl anderer Bewertungsgrößen, wie z. B. das *Kurs-Umsatz-Verhältnis* oder das *Kurs-Buchwert-Verhältnis,* um das Bewertungsniveau des Aktienmarktes zu beurteilen.

Dies alles zu beobachten und daraus die richtigen Schlüsse zu ziehen, erfordert Kenntnisse und Wissen. Aber das brauchen Sie gar nicht. Sie sollen sich gar nicht groß überlegen, wann der richtige Zeitpunkt für ein Investment im Aktienmarkt ist. Denken Sie daran, dass Sie eher weniger als mehr wissen als die anderen Marktteilnehmer, deren Kenntnisse in den aktuellen Kursen bereits enthalten sind. Sparen Sie langfristig in einen Aktiensparplan, dann werden Sie hinsichtlich des richtigen Kaufzeitpunktes keine Enttäuschung erleben. Und die Wirtschaftsentwicklung trägt ihren Teil dazu bei und arbeitet für Sie.

Aber kann der Aktienmarkt denn überhaupt weiter steigen?

Die Entwicklung des Aktienmarktes orientiert sich am Wirtschaftswachstum der Volkswirtschaften. Neben dem Kaufverhalten der Menschen innerhalb eines Staates kommt in einer globalisierten Welt, wie wir sie heute vorfinden, der Ausfuhr (Export) von Gütern in das Ausland sowie der Einfuhr (Import) von Produkten aus dem Ausland eine wichtige Bedeutung zu. Moderne Volkswirtschaften sind heute Marktwirtschaften. Bürger und Unternehmen können frei entscheiden, welche Produkte sie kaufen bzw. welche Produkte

Grafik 22: *Entwicklung deutscher Aktienmarkt (DAX 30) seit 1970*

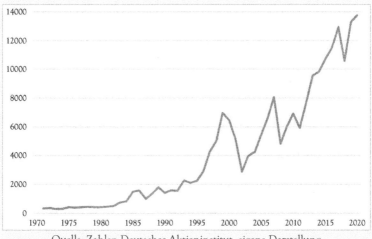

Quelle: Zahlen Deutsches Aktieninstitut, eigene Darstellung

Grafik 23: *Jährliche Entwicklung DAX 30 seit 1970*

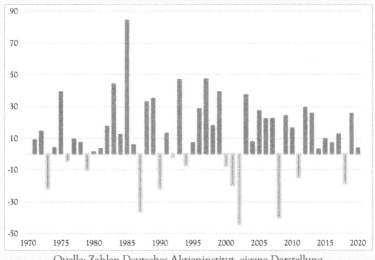

Quelle: Zahlen Deutsches Aktieninstitut, eigene Darstellung

andere Zwecke verwendet werden. Die Verfügung ist eingeschränkt. Aktien sind jederzeit verfügbar, da Aktien täglich an der Börse zum aktuellen Kurs verkauft werden können. Bei kurzfristigen Verfügungen können jedoch die Schwankungen der Aktienmärkte eine bedeutende Rolle spielen.

2. Ertrag und *Rendite*

Der Ertrag ist das, was eine Anlage tatsächlich abwirft. Bei Zinsanlagen wie dem Sparbuch und der Termineinlage sind dies die Zinsen. Diese werden regelmäßig, in der Regel jährlich, an den Anleger bezahlt. Auch bei einer Anlage in einer Schuldverschreibung, wie z. B. einer Bundesanleihe, erhält der Anleger regelmäßig Zinsen über die gesamte Laufzeit der Bundesanleihe. Bei einer Anlage in Aktien ergeben sich grundsätzlich zwei Ertragsquellen. Diese sind die Dividende (Gewinnausschüttung des Unternehmens) und der Kursgewinn, wobei in aller Regel der Kursgewinn überwiegt. Beide Ertragsquellen sind im Gegensatz zu den Zinsen nicht festgelegt, sondern können schwanken.

Gebühren schmälern grundsätzlich den Ertrag. Da bei Geldanlagen oft Mindestgebühren zur Anrechnung kommen, spielen Gebühren gerade bei kleineren Anlagebeträgen eine große Rolle. In jedem Fall sollten Sie sich alle Gebühren genau anschauen. Achten Sie auf geringe Gebühren, damit der Ertrag nicht von den Gebühren aufgezehrt wird. Es gibt heute sehr kostengünstige Möglichkeiten, sein Geld anzulegen. Einige Ausführungen hierzu finden Sie in Kapitel 12 und 14.

3. Sicherheit und Risiko

Das Risiko einer Geldanlage bemisst sich nach zwei Gesichtspunkten. Kann man mit der Anlage einen Verlust (bis hin zum Totalverlust) erleiden (Verlustrisiko) und wie stark schwankt eine Anlage im Zeitablauf (Schwankungsrisiko)?

Kernaussage!

Breit gestreute Aktienanlagen bringen langfristig attraktive Erträge. Allerdings wurden diese Erträge nicht linear, sondern unter Schwankungen erwirtschaftet. Bei einem langfristigen Anlagehorizont werden diese Schwankungen geglättet. Sie können deshalb vernachlässigt werden. Je länger der Anlagehorizont ist, desto stabiler wird die Rendite einer Aktienanlage.

KAPITEL 9

Welche Risiken hat eine Aktienanlage?

Wussten Sie, dass

... das Risiko, mit einer breit gestreuten Aktienanlage Geld zu
verlieren, ab einem Anlagezeitraum von 13 Jahren historisch
bei 0% lag?

Aktien sind keine Einbahnstraße. Aktienkurse schwanken und unterliegen auch einem Verlustrisiko. Ist eine Aktienanlage deshalb riskant? Nicht unbedingt. Wenn man eine Aktienanlage breit streut sowie einen langfristigen Anlagezeitraum wählt, dann lagen die Risiken quasi bei null und konnten ignoriert werden.

Das Risiko bei einer Aktienanlage kann in zwei „Risikoarten" eingeteilt werden: das Schwankungsrisiko und das Verlustrisiko. Schauen wir uns die beiden Risikoarten einmal genauer an.

1. Das Schwankungsrisiko

Unter Schwankungsrisiko versteht man das Risiko, wie stark eine Aktienanlage schwankt, d.h. wie *volatil* die Entwicklung ist. Je breiter eine Aktienanlage allerdings gestreut ist, umso geringer sind die Schwankungen. So schwankt der Kurs der Lufthansa-Aktie deutlich stärker als beispielsweise der DAX 30 oder der MSCI World Index. Es ist also ein Unterschied, ob ich in ein Aktienunternehmen, in ein Marktsegment mit 30 Werten wie beim DAX 30 oder in den weltweiten Aktienmarkt über den MSCI World mit über 1600 Unternehmen investiere.

Grafik 25: *Jährliche Schwankungen Lufthansa-Aktie, DAX 30 und MSCI World seit 1990*

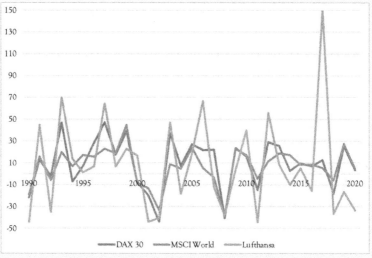

Quelle: Zahlen Deutscher Börsenverlag, eigene Darstellung

Das Schwankungsrisiko tritt kurzfristig auf und ist für den Erfolg der Anlage dann entscheidend, wenn man versucht, sich kurzfristig am Aktienmarkt zu bewegen. Wir wollen aber am Aktienmarkt langfristig anlegen. Bei einem langfristigen Anlagehorizont treten die kurzfristigen Schwankungen in den Hintergrund und können sogar gänzlich vernachlässigt werden.

Wie stark die Neigung ist, dass eine Anlage schwankt, wird über die sogenannte *Volatilität* einer Anlage ausgedrückt. Je höher die Volatilität ist, desto stärker sind die Ausschläge der Erträge nach oben und unten.

springen dann auf den fahrenden Zug auf und überbieten sich geradezu mit Kaufempfehlungen. Anders ist dies bei fallenden Aktienkursen oder gar *Crash-Szenarien*. Hier wird man viel darüber lesen können, wie schlecht und risikoreich eine Anlage in Aktien ist. Die Neigung ist dann extrem groß, in einem stark fallenden Markt auszusteigen. Davor muss man sich schützen.

Leider ist es nachweislich so, dass viele Anleger durch dieses prozyklische Verhalten die gute Kursentwicklung am Aktienmarkt nicht mitmachen. Aufgrund ihres Verhaltens sind sie in guten Aktienphasen nicht investiert. Trotz der überaus überzeugenden *Wertentwicklung* des Aktienmarktes profitieren deshalb leider nur die wenigsten Anleger von diesen guten Entwicklungen.

Wenn man das höhere Risiko des Aktienmarktes bereit ist einzugehen, dann muss man auch dafür den Lohn, d.h. die höheren Erträge, vereinnahmen. Nur wenn man auch die guten Jahre am Aktienmarkt mitmacht, kann man die schlechten Phasen verkraften. Und zu glauben, dass man die schlechten Phasen herausfiltern kann, erscheint eher unrealistisch.

Sich in einem derartigen Umfeld zurechtzufinden und das Richtige zu tun, ist zugegebenermaßen nicht einfach. Man muss sich davor schützen, das Falsche zur falschen Zeit zu tun. Hier hilft eine konsequente und disziplinierte Anlagestrategie, die man sich schon vorher zurechtlegen kann. Regelmäßig und langfristig ohne Marktmeinung in den Aktienmarkt zu investieren, ist hier ein guter Ratgeber.

Die Aktienmärkte schwankten in der Vergangenheit zum Teil sehr stark. Man darf sich aber von den Schwankungen nicht irritieren und verunsichern lassen. Bei unserem angedachten Anlagezeitraum von deutlich über 30 Jahren oder mehr treten diese komplett in den Hintergrund. Kurzfristig kann es also ruhig stürmisch sein, wenn man dafür langfristig belohnt wird. Und man wird belohnt. So lange sich die Wirtschaft weiter nach oben entwickelt, können die Aktienmärkte auch weiter steigen. Entscheidend ist der langfristig aufwärts gerichtete Trend.

Kernaussage!

Aktienanlagen schwanken. Je breiter und internationaler eine Aktienanlage gestreut ist, umso niedriger sind die kurzfristigen Schwankungen. Kurzfristige Schwankungen und Kursrückgänge sind für den langfristigen Erfolg einer Aktienanlage nicht von Bedeutung und können vernachlässigt werden.

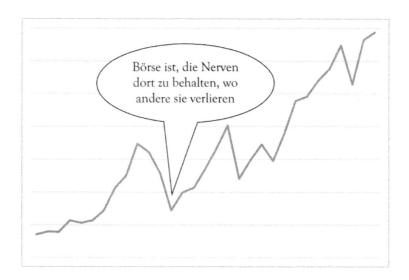

Das alles ist Fortschritt und führt zu einer positiven Wirtschaftsentwicklung.

Mit einer Investition in den Aktienmarkt beteiligen Sie sich an dieser Wirtschaftsentwicklung und an diesen Produkten. Sie profitieren von der Gewinnentwicklung der Unternehmen. Natürlich wird es keine Einbahnstraße sein. Einem Unternehmen wird es einmal besser und einmal etwas schlechter gehen. Deshalb wird der Aktienmarkt auch in Zukunft schwanken. Das ist nachvollziehbar und muss so sein. Auch wir sind nicht jeden Tag gleich gut gelaunt oder gesundheitlich fit.

Kernaussage!

> Die Kursentwicklung am Aktienmarkt wird von einer Vielzahl an Bestimmungsfaktoren beeinflusst. Sie brauchen sich damit nicht auseinanderzusetzen. Vertrauen Sie auf den technischen Fortschritt und die damit verbundene positive Wirtschafts-entwicklung. Der Aktienmarkt wird sich an dieser positiven Entwicklung orientieren und langfristig einen attraktiven Ertrag unter Schwankungen erwirtschaften.

- das Risiko, vom Blitz getroffen zu werden, ein Vielfaches höher ist, als mit einer breit gestreuten Aktienanlage langfristig einen Verlust zu erleiden.

Richtet man eine Aktienanlage langfristig aus und streut diese breit und international, dann war die Wahrscheinlichkeit, mit Aktien einen Verlust zu erleiden, in den letzten Jahren bei null. Beim Lottospielen ist der Totalverlust vorprogrammiert. Trotzdem spielen viele Deutsche regelmäßig Lotto und nur wenige investieren am Aktienmarkt.

Betrachtet man die Entwicklung des deutschen Aktienmarktes der letzten 50 Jahre, so kann man feststellen, dass es in diesem Zeitraum keinen 13-Jahres-zeitraum gibt, in welchem der Anleger einen Verlust erleiden musste. Das Verlustrisiko bei Aktien geht also bei 13 Jahren Anlagedauer gegen null. Hat ein Anleger monatlich gespart, so reduzierte sich dieser Zeitraum sogar auf 10 Jahre. Sobald also ein Anleger 10 Jahre im Aktienmarkt regelmäßig gespart hat, war sein Verlustrisiko ausgeschlossen.

Grafik 28: *Entwicklung DAX 30 seit 1970: Einstieg zu Hochpunkten*

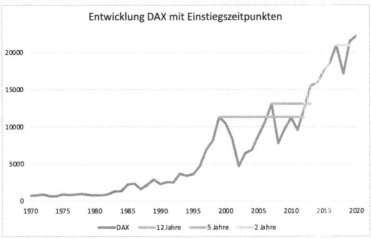

Entwicklung DAX mit Einstiegszeitpunkten

Quelle: Zahlen Deutsches Aktieninstitut, eigene Darstellung

Wer zu einem extrem unglücklichen Zeitpunkt im Jahr 2000 in den deutschen Aktienmarkt eingestiegen ist, war vorübergehend nach 8 Jahren und endgültig nach 13 Jahren wieder in der „Gewinnzone".

Nachfolgende Grafik zeigt, wie häufig unterschiedliche Anlagezeiträume seit 1970 mit Verlusten abgeschlossen haben. Insbesondere kurze Zeiträume sind mit der Gefahr von Verlusten verbunden. Je länger der Anlagezeitraum ist, umso mehr geht das Verlustrisiko gegen null.

Grafik 19: *Zusammensetzung MSCI World Index nach Sektoren in Prozent*

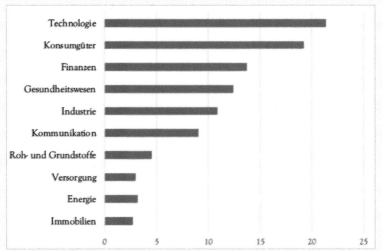

Quelle: msci.com, eigene Berechnung und Darstellung, Stand 31.03.2021

Legt man sein Geld im MSCI World Index an, so ist man in 23 Ländern, in allen Branchen der Welt sowie in über 1600 Einzelunternehmen investiert. Unter anderem ist man an so namhaften Unternehmen wie Apple Inc., Facebook, Tesla, Johnson & Johnson oder Nestle beteiligt. Insgesamt sind im MSCI World Index knapp 3% des Volumens in 55 deutschen Unternehmen angelegt. Darunter alle namhaften großen Unternehmen wie SAP, Daimler, VW, Deutsche Telekom, BASF oder Allianz Versicherung. Aber auch attraktive deutsche Unternehmen und Weltmarktführer der zweiten Reihe wie Airbus, Lufthansa, Symrise, Fresenius oder das Spezialchemieunternehmen Evonik sind im MSCI World Index enthalten.

Aktien haben ein Verlustrisiko. Es können immer Situationen und Phasen auftreten, in welchen sich Aktienmärkte schlecht entwickeln. Die Verlustrisiken bestehen insbesondere bei kurzfristigen Anlagezeiträumen und bei Anlagen in wenigen oder einzelnen Aktien. Bei einem langfristigen Anlagehorizont überwiegen aber deutlich die positiven Phasen. Deshalb ist es wichtig, dauerhaft und langfristig im Aktienmarkt investiert zu sein. Man braucht die guten Jahre, um die schlechten Jahre auszuhalten. Dass der gesamte weltweite Aktienmarkt in Konkurs geht – dafür braucht man sehr viel Phantasie. Dies ist reine Theorie und eigentlich nicht möglich.

Bei einer breit gestreuten und international ausgerichteten Aktienanlage sowie einem langfristigen Anlagehorizont lag das Verlustrisiko in der Vergangenheit quasi bei null. Durch regelmäßiges Sparen wird das Verlustrisiko zusätzlich reduziert.

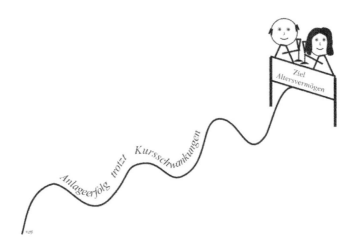

KAPITEL 10

Was ist bei der Aktienanlage zu beachten?

Eine Anlage in Aktien ist ertragsstark. Allerdings sind bei einer Anlage in Aktien einige Grundsätze zu beherzigen und auch konsequent einzuhalten und umzusetzen. Lassen Sie sich Zeit. Es muss ein langer Anlagezeitraum zur Verfügung stehen – je länger umso besser. Deshalb ist die Altersvorsorge geradezu prädestiniert für eine Aktienanlage. Sie haben viel Zeit, wenn Sie mit dem „Alterssparen" spätestens mit dem Berufseinstieg beginnen. Dann reden wir über mindestens 35 bis 45 Jahre, eher mehr. Wie sagte schon Benjamin Franklin 1748: „Zeit ist Geld".

- „Verordnen" Sie sich ein Zwangssparen. Das Geld sollte nicht benötigt werden und dauerhaft bis zum Renteneintritt angelegt werden.

- Werden Sie nicht gierig. Investieren Sie ganz solide in den weltweiten Aktienmarkt. Streuen Sie die Aktienanlage immer breit und richten Sie die Aktienanlage international aus. Dadurch erreichen Sie die beste Streuung über Länder und Branchen und damit eine hohe Sicherheit.

- Sparen Sie regelmäßig. Das hilft, die Risiken zusätzlich zu senken. Des Weiteren erzielen Sie dadurch einen attraktiven durchschnittlichen Einstiegspreis, was sich positiv in der Rendite widerspiegelt.

- Gehen Sie konsequent und diszipliniert Ihren Weg. Lassen Sie sich durch nichts aufhalten. Vermeiden Sie jegliche Marktmeinung. Egal was Sie in der Zeitung lesen oder Ihnen andere Personen raten.

- Haben Sie Geduld. Schwankungen, auch stärkere, oder Aktienkursrückgänge dürfen Sie nicht aus der Bahn werfen. Das ist normal und bringt Ihnen sogar Vorteile. Nie in Abwärtsphasen Angst bekommen und verkaufen, was leider sehr oft gemacht wird. Zwingen Sie sich auch in schwierigen Phasen, den Sparplan nicht zu unterbrechen

oder gar zu verkaufen. Denn gerade in der Langfristigkeit des Sparvorgangs liegt der Erfolg begründet.

- Sparen Sie langfristig, mindestens 35 bis 45 Jahre, je länger umso
besser. Halten Sie durch!

Geduld zahlt sich aus!

KAPITEL 11

Was beeinflusst die Entwicklung des Aktienmarktes?

Wussten Sie, dass

... technischer Fortschritt und die zunehmende Weltbevölkerung
auch weiterhin für steigende Aktienkurse sprechen?

Generell entwickelt sich der Aktienmarkt nach Angebot und Nachfrage. Sollen bei dem aktuellen Kurs mehr Aktien gekauft als verkauft werden, dann steigen die Aktienkurse und umgekehrt. Angebot und Nachfrage bilden die Marktteilnehmer. Dies sind zum einen Privatpersonen, zum anderen institutionelle Anleger wie Versicherungen, *Investmentfondsgesellschaften*, Banken oder Unternehmen. Jeder Aktienanleger versucht, anhand von unterschiedlichen Einflussfaktoren die aktuelle Situation und die künftige Entwicklung einzuschätzen. Danach richtet er seine Anlageentscheidung aus. Was beeinflusst nun die Entwicklung des Aktienmarktes?

1. Die aktuelle Höhe der Zinsen und die Erwartung der weiteren Zinsentwicklung

Zinsanlagen sind die Konkurrenzanlage zu Aktien. Erhält man, wie in den 90er Jahren, bei einer Zinsanlage attraktive 5% Zinsen pro Jahr, dann wird man sein Geld eher in Zinspapiere anlegen als am Aktienmarkt. Anders sieht es aus, wenn keine oder nur geringe Zinsen zu bekommen sind. Dann werden Aktien im Vergleich zu Zinsanlagen deutlich attraktiver.

Zudem ist die Geldbeschaffung für Unternehmen bei höheren Zinsen deutlich teurer. Dies führt zu höheren Kosten und reduziert dadurch die Gewinne der Unternehmen.

2. Die Liquidität

Unter Liquidität versteht man das Geld, welches auf die Kapitalmärkte zur Anlage drängt. Soll viel Geld angelegt werden, kann dies die Aktienkurse beflügeln. Viel Geld steht i.d.R. dann zur Verfügung, wenn die Alternativanlagen wie z. B. Zinsanlagen wenig Ertrag versprechen, d.h. die Zinsen sehr niedrig sind.

3. Unternehmensnachrichten und Stimmung bei den Unternehmen

Hier ist besonders wichtig, ob Unternehmen im aktuellen und künftigen wirtschaftlichen Umfeld in der Lage sind, Gewinne zu erwirtschaften. Ein Anleger wird nur dann einem Unternehmen Eigenkapital zur Verfügung stellen, wenn er davon überzeugt ist, dass das Unternehmen erfolgreich arbeitet und langfristig Gewinne erzielen kann. Nur wenn die Erwartung vorhanden ist, dass Gewinne erwirtschaftet werden und steigen können, werden auch Aktienkurse weiter steigen können.

4. Die Konjunkturentwicklung

Der Aktienmarkt hängt sehr stark an der Entwicklung der Wirtschaft eines Landes und der weltweiten Konjunkturentwicklung. Sie bildet das Umfeld für die Unternehmen, um Gewinne zu erwirtschaften. In der Regel läuft der Aktienmarkt der Konjunkturentwicklung deutlich voraus. Entscheidenden Einfluss auf den Konjunkturverlauf haben die Nachfrage der privaten Haushalte, die Investitionen der Unternehmen, die Ausgaben und Einnahmen des Staates sowie die Importe und Exporte. Diese Größen verändern sich im Zeitablauf laufend und beeinflussen dadurch die Konjunkturentwicklung sowohl negativ als auch positiv. Diese Veränderungen führen zu einer wellenartigen Bewegung der Konjunkturentwicklung und damit zu Schwankungen am Aktienmarkt. Alle Informationen, die Auskunft über den aktuellen Stand der Konjunktur geben oder sich auf die künftige Konjunkturentwicklung auswirken, sind für den Aktienanleger wichtig. Sei es die Entwicklung der Auftragseingänge, die Auftragslage von Unternehmen, die Exporte und Importe, die Arbeitslosenzahlen, die konjunkturpolitischen Maßnahmen des Staates oder der Notenbank, die Inflationsentwicklung oder beispielsweise die Ausgaben der Konsumenten, um nur einige zu nennen.

5. Das aktuelle Bewertungsniveau des Aktienmarktes

Wie oft musste ich mir während meines gesamten Berufslebens anhören: „Die Aktienkurse sind hoch", „Der Aktienmarkt war noch nie so hoch" oder „Der Aktienmarkt kann nicht weiter steigen". Ist der deutsche Aktienmarkt gemessen am DAX 30 teuer, wenn dieser bei 14.000 Punkten steht? Viele sagen ja. Aber genau diese Leute haben mir 1992, als der DAX gerade einmal bei 1.500 Punkten stand, auch gesagt, dass er so hoch ist wie noch nie und nicht weiter steigen kann. Natürlich sind die Aktienkurse bei 14.000 hoch. Es geht bei einer Beurteilung aber nicht darum, ob die absolute Größe hoch oder niedrig ist, sondern ob der Aktienmarkt teuer bezahlt wird. Denn seit 1992 hat sich die Konjunktur deutlich nach oben entwickelt und die Gewinne der Unternehmen sind ebenfalls deutlich gestiegen.

Vergleichen Sie ein Auto mit Standardausstattung heute mit einem Auto von 1992. Allein der Sicherheitsstandard ist heute ein Vielfaches höher. Dieser technische Fortschritt hat den Qualitätsstandard deutlich erhöht. Steigende Kfz-Preise und steigende Kfz-Umsätze haben zu steigenden Unternehmensgewinnen geführt. Steigende Unternehmensgewinne haben sich positiv auf die Aktienkurse ausgewirkt und diese entsprechend ansteigen lassen.

Um zu beurteilen, ob der Aktienmarkt teuer ist, muss er immer in Relation zu einer anderen Größe beurteilt werden. Oft werden hierzu die erwirtschafteten oder erwarteten Unternehmensgewinne herangezogen. Es wird das *Kurs-Gewinn-Verhältnis,* kurz KGV, berechnet. Hierbei wird der Kurs einer Aktie durch den Gewinn einer Aktie geteilt. Machen wir ein Beispiel: Aktie A kostet 100 Euro, Aktie B kostet 50 Euro. Welche Aktie ist teurer? Zunächst würde man annehmen, dass Aktie A deutlich teurer ist und zwar doppelt so teuer wie Aktie B. Ist das wirklich so? Aktie A notiert im Kurs zwar deutlich höher, aber ist sie deshalb wirklich teurer? Nicht unbedingt. Das kommt darauf an, was ich für den Aktienkurs von 100 Euro bekomme. Schauen wir uns die Gewinne an, die beide Unternehmen erwirtschaften. Nehmen wir den Jahresgewinn der beiden Unternehmen und teilen diesen durch die Anzahl der jeweils von den Unternehmen ausgegebenen Aktien. Wir ermitteln den Gewinn pro Aktie. Dieser beträgt bei Aktie A 10 Euro und bei Aktie B 1 Euro. Wie hoch ist nun das KGV beider Aktien? Während das KGV bei Aktie A gerade einmal 10 (100:10) beträgt, liegt dieses bei Aktie B bei 50 (50:1). Dies bedeutet, dass der Markt bei Aktie A nur das 10-fache des Gewinnes bezahlt, während er bei Aktie B bereit ist, das 50-fache des Gewinns zu bezahlen. Unter diesem Gesichtspunkt ist Aktie A deutlich günstiger als Aktie B. Aktie B ist sogar sehr teuer.

Grafik 30: *Ermittlung des KGV*

Kriterium	Aktie A	Aktie B
Kurs	100 €	50 €
Gewinn pro Aktie	10 €	1 €
KGV	10	50

Quelle: eigene Darstellung

Je höher das KGV also ist, desto teurer ist eine Aktie. Das KGV ermöglicht es, Aktien untereinander, insbesondere innerhalb einer Branche, zu vergleichen. Auch ganze Marktsegmente oder Märkte können so beurteilt werden. Man setzt das Aktienkursniveau zu den erwirtschafteten Gewinnen der im Index enthaltenen Aktienunternehmen ins Verhältnis und kann somit das KGV eines ganzen Marktsegmentes ermitteln.

Im langfristigen historischen Vergleich hat sich beim DAX 30 eine Relation von rund 17 herausgebildet. Das heißt, dass in der Vergangenheit der Markt im Durchschnitt rund das 17-fache der Gewinne der Unternehmen bezahlt hat. Bei diesem Niveau gilt der Aktienmarkt als nicht zu teuer und im Fachjargon als fair bewertet. Interessant ist, dass das KGV heute, Anfang 2021, im Bereich des KGV von 1992 liegt.

Grafik 31: Entwicklung DAX 30 und KGV DAX 30 seit 1970

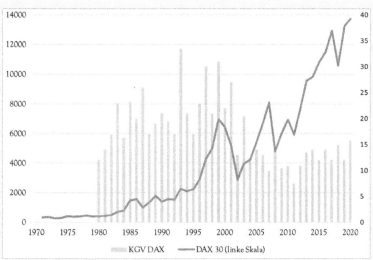

Quelle: Deutsches Aktieninstitut und Deutscher Börsenverlag (KGV), eigene Berechnung und Darstellung

an die Struktur des Referenzindex MSCI World angepasst. Dadurch ist gewähr-leistet, dass der ETF sich fast identisch zum MSCI World Index entwickelt.

3. Aktien-ETFs sind genauso ertragsstark wie der Aktienmarkt

Welche Erträge versprechen Aktien-ETFs? Da ein ETF den zugrundeliegenden Index für das ausgewählte Aktienmarktsegment abbildet, entwickelt sich der ETF genauso wie dieser Index. Der ETF wird die gleiche Wertentwicklung vollziehen wie der entsprechende Aktienmarkt. Entscheidet man sich z. B. für einen weltweiten ETF mit Index MSCI World, so wird der ETF dann steigen, wenn der MSCI World steigt und umgekehrt. Berücksichtigt werden müssen allerdings die internen Kosten eines ETF. Auch in Bezug auf das Risiko verhält sich der ETF gleich wie der Referenzindex MSCI World.

Grafik 34: *Wertentwicklung ETF im Vergleich zum Referenzindex MSCI World*

Wertentwicklung	ETF	Referenzindex	Abweichung
2019	27,57 %	27,67 %	-0,1
2020	15,86 %	15,9 %	-0,04
3 Monate	9,69 %	9,69 %	0
6 Monate	16,1 %	16,11 %	-0,01
3 Jahre	49,42 %	49,75 %	-0,33
YTD (p.a.)	11,38 %	11,39 %	-0,01
Volatilität			
1 Jahr	16,25 %	16,25 %	0
3 Jahre	20,94 %	20,94 %	0

Quelle: justetf.com, eigene Darstellung, Stand 31.05.2021

sie im Markt anbieten. Das dadurch generierte Angebot und die Nachfrage regeln den Preis. Auch der Staat nimmt am Marktgeschehen z. B. durch Staatsausgaben wie den Straßenbau teil. Er ist in einer sozialen Marktwirtschaft, wie wir sie in Deutschland vorfinden, zusätzlich für hoheitliche Aufgaben wie die nationale Sicherheit, die Bildung, die Steuererhebung oder die Strafverfolgung zuständig. Darüber hinaus muss der Staat dafür sorgen, dass fairer Wettbewerb und eine freie Preisfindung stattfinden kann. Unabhängige Notenbanken sind für die Geldwertstabilität einer Währung verantwortlich. So hat sich die Europäische Zentralbank mit ihren geldpolitischen Maßnahmen zum Ziel gesetzt, die Inflation in einem vertretbaren Rahmen zu halten und die Kaufkraft des Euro zu sichern.

Allein um Arbeitsplätze in einer Volkswirtschaft zu schaffen, muss eine Volkswirtschaft wachsen. Wachstum soll aber in ruhigen Bahnen verlaufen. Übertreibungsphasen oder Wirtschaftskrisen sollen nach Möglichkeit vermieden werden. Um Übertreibungsphasen nach beiden Seiten zu vermeiden, stehen dem Staat und der Notenbank unterschiedliche Maßnahmen zur Verfügung.

Angestrebt wird in Deutschland ein Wachstum von jährlich 2% bis 2,5% bei einer Inflationsrate von rund 2%. Der Aktienmarkt wird sich langfristig an diesen Zahlen orientieren. Zusätzlich muss der Aktienmarkt einen Risikoaufschlag gegenüber risikoärmeren Anlagen verdienen. Unter diesen Rahmenbedingungen kann davon ausgegangen werden, dass der Aktienmarkt auch künftig langfristig einen attraktiven Ertrag erwirtschaften wird. Der Aktienmarkt hat in der Vergangenheit eindrücklich gezeigt, dass er dies kann.

Grafik 32: *Bruttosozialprodukt Deutschland (BSP) und DAX 30 seit 1970*

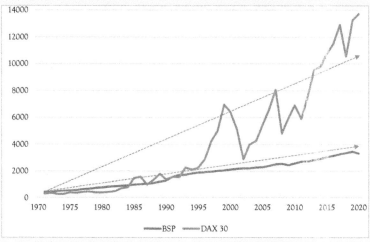

Quelle: Zahlen Statistisches Bundesamt, Deutsches Aktieninstitut, eigene Berechnung und Darstellung

Die zwei wesentlichen Haupttreiber für die Aktienkurse werden zum einen der technische Fortschritt und zum anderen das weltweite Bevölkerungswachstum sein. Ein Anstieg der Bevölkerung wird neue Märkte schaffen, der technische Fortschritt wird zu Produktivitätssteigerungen, Innovationen und leistungsfähigeren Produkten sowie effizienteren Produktionsprozessen führen. Unterschiedliche Organisationen und die Wissenschaft gehen davon aus, dass die Weltbevölkerung von heute knapp 8 Mrd. Menschen bis zum Jahr 2050 auf über 10 Mrd. Menschen anwachsen wird.

Wir werden auch künftig technische Entwicklungen und technischen Fortschritt sowie ein Wachsen der Weltbevölkerung haben. Dies wird uns auch in Zukunft Wirtschaftswachstum bescheren. Wir alle kennen und vertrauen auf Produkte, die von Aktiengesellschaften hergestellt werden, und nutzen diese Produkte im Alltag. Sei es das tolle Auto, das in unserer Garage steht, das schicke Smartphone, auf das wir nicht mehr verzichten wollen oder der Impfstoff und die Medikamente, die uns ein längeres und gesünderes Leben ermöglichen.

Grafik 20: *Indexvergleich DAX 30 und MSCI World*

Kriterium	DAX 30	MSCI World
Anzahl Unternehmen	30	Über 1600
Länder	1	23 in Amerika, Europa und Asien
Branchen	Branchen werden teilweise nur durch ein oder zwei Unternehmen abgedeckt. Einzelne Branchen oder Teilsektoren wie z.B. Rohstoffe werden überhaupt nicht berücksichtigt.	Alle Branchen und Teilsektoren werden durch viele Unternehmen in unterschiedlichen Ländern abgedeckt.
Unternehmensspezifisches Risiko	Nein	Nein
Streuung	Mittel	Sehr hoch

Quelle: eigene Darstellung

3. Es gibt Kursindices und Performanceindices

Während ein *Kursindex* lediglich den Kursverlauf eines Aktienmarktes abbildet, enthält ein *Performanceindex* zusätzlich alle Erträge, wie z. B. Dividendenzahlungen, der im Index enthaltenen Aktien. Ein Performanceindex entwickelt sich dadurch im Zeitablauf deutlich besser als ein reiner Kursindex.

KAPITEL 12

Was ist das richtige Anlageinstrument?

Wussten Sie, dass

... Sie sich mit 25 Euro an insgesamt über 1600 Unternehmen
auf der ganzen Welt beteiligen können?

Geht das? Ja, es geht. Im Gegensatz zu früher gibt es heute überaus bequeme
und clevere Möglichkeiten, um auch kleine Beträge am Aktienmarkt anzulegen.
Und dazu noch sehr kostengünstig. Über den Kauf eines ETF.

1. Was ist ein ETF?

Ein *ETF (exchange traded fund)* ist ein *Investmentfonds,* der an der Börse
gehandelt wird und somit jederzeit gekauft und verkauft werden kann. Der
ETF ist ein Topf, in den viele Anleger Geld „einzahlen". Je nach Höhe des
Anlagebetrages erwirbt der Anleger Anteile an diesem Topf. Der Fonds wird
von der auflegenden *Kapitalanlagegesellschaft* (Investmentfondsgesellschaft)
treuhänderisch als *Sondervermögen* verwaltet. Dies erfolgt auf Grundlage des
Investmentfondsgesetzes, welches speziell diese Form der Geldanlage regelt.
Das ETF-Vermögen bleibt Vermögen der Anleger und wird nicht Vermögen
der Kapitalanlagegesellschaft. Aufgrund der gesetzlichen Vorschriften des
Investmentgesetzes ist der ETF somit ein kontrolliertes und damit sehr sicheres
Anlageinstrument. Ausführliche Informationen über einen ETF hinsichtlich
Anlageziel, Strukturen, Wertentwicklung, Risiko und Kosten enthalten das
vom Gesetzgeber vorgeschriebene *KIID* (Key Investor Information Document/
wesentliche Anlegerinformationen) und das *Datenblatt* (Factsheet) des
Anbieters. Dadurch ist eine sehr hohe Transparenz des ETF gewährleistet.

2. Ein Aktien-ETF investiert in ganze Aktienmärkte

Ein ETF legt sein Vermögen in spezielle Aktienmarktsegmente an. Welches Aktienmarktsegment ein ETF abbildet, richtet sich nach den Anlagerichtlinien und den *Anlagegrundsätzen* des Fonds. Zielsetzung ist es, möglichst genau dieses Aktienmarktsegment abzubilden. Hierzu wird dem ETF ein Index zugrunde gelegt. Man spricht dann vom *Referenzindex*. Der Index bildet genau das Marktsegment ab, in welches der ETF anlegt. Entscheidend für den Erfolg des ETF ist, dass die Investmentgesellschaft in der Lage ist, diesen Aktienindex exakt in allen Marktphasen nachzubilden. Der ETF entwickelt sich hinsichtlich Ertrag und Risiko nahezu gleich zum Index. Der Index definiert somit das Ertrags-/Risikoprofil des ETF.

Bildet ein ETF beispielsweise den MSCI World Index ab, dann investiert der ETF möglichst genau in die gleiche Struktur und Gewichtung wie der MSCI World Index. Der Anleger bekommt nahezu die aktuelle Struktur des MSCI World Index und ist damit an über 1600 Unternehmen in 23 Ländern beteiligt. Durch den Referenzindex weiß der Anleger genau, in was er investiert, wenn er einen ETF kauft. Nachfolgende Grafiken zeigen anhand eines ETF, der als Referenzindex den MSCI World Index zugrunde gelegt hat, wie der Anleger im Aktienmarkt investiert ist.

Grafik 33: *Struktur weltweiter ETF mit Referenzindex MSCI World in Prozent*

Struktur Länder	ETF	MSCI World
USA	66,16	66,45
Kanada	3,24	3,26
Großbritannien	4,29	4,33
Frankreich	3,33	3,37
Japan	7,45	7,52
Sonstige	15,53	15,07

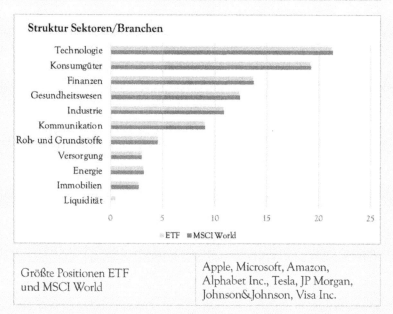

Struktur Sektoren/Branchen

Größte Positionen ETF und MSCI World	Apple, Microsoft, Amazon, Alphabet Inc., Tesla, JP Morgan, Johnson&Johnson, Visa Inc.

Quelle: justetf.com, eigene Darstellung, Stand 31.03.2021

Wie die Grafik zeigt, ist der ETF nahezu identisch zum MSCI World strukturiert. Die Struktur des ETF wird laufend, je nach Entwicklung der einzelnen Aktien,

KAPITEL 8

Welche Erträge bringt eine Aktienanlage?

Wussten Sie, dass

... eine breit gestreute Aktienanlage über lange Zeit durchschnittlich über 8% jährlich gebracht hat?

Aktien gelten als renditestarke Anlage, die als Sachwertanlage den Kaufkraftverlust mehr als ausgleichen kann. Eine Aktienanlage hat zwei Ertragsquellen.
Dies sind die *Dividenden* (Gewinnausschüttung) sowie die Kursgewinne.
Langfristig dominieren die Kursgewinne als Ertragsquelle. Die Entwicklung
des Aktienmarktes wird von einer Vielzahl von Einflussfaktoren bestimmt und
entwickelt sich tendenziell unter Schwankungen nach oben (siehe Kapitel 11).
Diese Schwankungen werden im Zeitablauf geglättet und sind für den langfristig
attraktiven Ertrag einer Aktienanlage verantwortlich. Die Dividendenzahlung
ist vom Erfolg und der Unternehmensphilosophie des Unternehmens abhängig
und kann im Zeitablauf ebenfalls unterschiedlich hoch sein und schwanken.

Was darf man von einer Aktienanlage nun langfristig erwarten? Eine breit
gestreute und international ausgerichtete Aktienanlage hat seit 1970 einen
geglätteten jährlichen Ertrag von über 8% erwirtschaftet. Zwar hat der Aktienmarkt über die Jahre zum Teil stark geschwankt, aber je langfristiger in Aktien
investiert wurde, umso stabiler wurde die durchschnittliche jährliche Rendite.
Mit einer breit gestreuten Aktienanlage konnte zum einen die Kaufkraft des
Geldes erhalten und zum anderen ein ansehnliches Vermögen aufgebaut
werden. Nachfolgende Grafiken zeigen die Entwicklung des deutschen
Aktienmarktes seit 1970 insgesamt und pro Jahr.

Ein ETF, der als Referenzindex den MSCI World nachbildet, hat in der Vergangenheit die gleiche Entwicklung wie der MSCI World erreicht. Die Aussagen, die in Kapitel 8 und 9 für den Aktienmarkt in Bezug auf die Erträge und das Risiko gemacht wurden, gelten uneingeschränkt auch für einen Aktien-ETF. Wichtig für die Entwicklung eines ETF ist der zugrunde gelegte Index. Hier sollte in jedem Fall ein ETF mit einem Performanceindex ausgewählt werden, da dieser Index nicht nur die Kursentwicklung, sondern alle Erträge, die in Verbindung zu einer Aktie stehen, vereinnahmt.

Wie funktioniert ein ETF und wie verändert sich die Struktur des ETF? Lassen Sie uns hierzu einen ETF nachbilden. Wir kaufen am 1.1. eines Jahres fünf Aktien aus dem MSCI World Index. Insgesamt bieten wir zehn Anteile zum Kauf an. Wie ist der ETF strukturiert und wie entwickelt sich die Struktur und der Preis des ETF?

Grafik 35: *Funktionsweise eines ETF*

Aktie	Preis 1 am 1.1.	Anteil Index 1.1.	Preis 2 am 15.1.	Preis 2 minus Preis 1 absolut	Preis 2 minus Preis 1	Anteil Index 15.1.
1	100 €	20 %	115 €	15 €	15 %	20,9 %
2	120 €	24 %	110 €	-10 €	-8,3 %	20 %
3	75 €	15 %	85 €	10 €	13,3 %	15,5 %
4	140 €	28 %	150 €	10 €	7,1 %	27,3 %
5	65 €	13 %	90 €	25 €	38,5 %	16,4 %
ETF Volumen gesamt	500 €	100 %	550 €	50 €	10 %	100 %
Preis pro Anteil	50 €		55 €	5 €	10 %	

Quelle: eigene Darstellung

- Der Preis des ETF ermittelt sich über die Summe aller im ETF enthaltenen Aktien. Steigen diese, so steigt auch der Preis des ETF. Da sich bei unserem ETF die Preise aller fünf Aktien in Summe erhöht haben, ist das Fondsvolumen vom 1.1. von 500 Euro am 15.1. auf 550 Euro gestiegen.

- Da 10 Anteile ausgegeben wurden, ist der Preis pro Anteil des ETF von 50 Euro auf 55 Euro gestiegen (+10%).

- Die Struktur des ETF hat sich entsprechend der Entwicklung der einzelnen Aktien deutlich verändert. Aktien, die gestiegen sind, werden im ETF jetzt höher, Aktien, die gefallen sind, niedriger gewichtet. Während die Gewichtung von Aktie 1 im Index zum 15.1. um knapp 5% auf 20,9% gestiegen ist, ist die Gewichtung von Aktie 2 von 24% auf 20% zurückgegangen (vergleiche Spalte 3 mit Spalte 7).

- Die Gewichtung eines ETF wird laufend der Struktur des Index angepasst. Damit entwickelt sich der Börsenwert des ETF analog zum Wert des Index. Steigt der Wert der fünf Aktien, so steigt der Wert des ETF und umgekehrt.

4. ETFs sind kostengünstig

ETFs sind im Vergleich zu anderen Investmentfonds, sogenannten aktiv gemanagten Fonds, sehr kostengünstig. Bevorzugt man ETFs für die klassischen Anlagemärkte der großen Standardaktienwerte, dann werden dem Fonds Kosten zwischen 0,15% und 0,25% belastet. Man kann sich also über einen ETF an über 1600 Unternehmen weltweit für sehr niedrige Kosten beteiligen. Hinzu kommen evtl. Gebühren für den Ansparplan oder den Kauf des ETF, die jedoch bei *Onlinebrokern* oder *Onlinebanken* überschaubar sind. Achten Sie darauf, dass Sie Aktionsprogramme, die häufig von derartigen Instituten angeboten werden, nutzen (siehe auch Kapitel 14).

5. ETFs sind leicht handelbar

ETFs können über die Börse gehandelt werden. Dazu sind ein *Konto* und *Depot* bei einer (Online-)Bank oder einem Onlinebroker notwendig. Dort können Sie die Konten und Depots in der Regel kostenlos führen.

Über einen *Ansparplan* sind ETFs einfach und bequem zu kaufen. Hierzu muss lediglich einmal der Ansparplan eingerichtet werden. Den Rest übernimmt dann die Onlinebank oder der Onlinebroker. Für eine Vielzahl von ETFs werden von Onlinebrokern auch Ansparpläne bereits ab einem monatlichen Investitionsbetrag von 25 Euro sehr kostengünstig angeboten.

6. Worauf sollte bei der Auswahl von Aktien-ETFs geachtet werden?

Zwischenzeitlich gibt es weltweit über 7000 verschiedene Aktien-ETFs mit unterschiedlichen Anlageschwerpunkten und in unterschiedlicher Ausprägung. In Deutschland können über 1500 Aktien-ETFs gekauft werden. Das Wichtigste dabei ist, einen ETF auszuwählen, der den zugrundeliegenden Index nahezu exakt nachbildet. Für den hier vorgestellten Ansatz sollte ein global investierender ETF, der die großen Standardwerte weltweit berücksichtigt, ausgewählt werden.

- Der dem Aktien-ETF zugrundeliegende Index sollte der MSCI World Performanceindex sein. Dieser globale Aktienindex enthält über 1600 Aktien aus 23 Ländern. Zudem werden alle Branchen und Sektoren abgedeckt. Dadurch sind die bestmögliche Streuung und eine hohe Sicherheit gegeben.

- Der zugrundeliegende Index muss ein Performanceindex und kein Kursindex sein. Dadurch werden dem Fondsinhaber alle Erträge, die aus seiner Aktienanlage resultieren (Kursgewinne und alle Erträge aus dem Aktieninvestment wie z. B. Gewinnausschüttungen in Form von Dividenden), zugerechnet.

- Das Fondsvolumen sollte größer als 500 Mio. Euro sein. Dadurch fallen die Gebühren bei Umschichtungen innerhalb des Fonds durch die Kapitalanlagegesellschaft nur untergeordnet ins Gewicht.
- Die Fondswährung kann sowohl Euro als auch US-Dollar sein. Ist die Fondswährung des ETF US-Dollar, dann wird der Fondspreis automatisch in Euro umgerechnet. Auch Kursangaben in Informationsmedien erfolgen auf Euro-Basis.
- Der Fonds sollte in jedem Fall physisch nachgebildet werden, d.h. die Investmentgesellschaft bildet den Index durch den tatsächlichen Kauf der Aktien nach. Es wird keine künstliche (synthetische) Struktur zur Nachbildung *(Replikation)* verwendet. Dadurch ist sichergestellt, dass das Verlustrisiko durch das ETF-Konzept minimiert wird. Ein *Kontrahentenrisiko* bleibt, sofern der ETF *Wertpapierleihegeschäfte* betreibt.
- Die Kosten für einen weltweiten ETF sollten bei 0,15% bis 0,25%, maximal bei 0,30% liegen. Hohe Kosten reduzieren den Ertrag.
- Der Fonds sollte die Erträge *thesaurieren*, d.h. im Fonds belassen. Dies kann steuerliche Vorteile haben und zudem erhöht dies zusätzlich den Fondspreis und dadurch den Zinseszinseffekt.
- Der Fonds sollte mindestens 3, eher 5 Jahre bestehen. Dadurch kann geprüft und sichergestellt werden, dass die Investmentgesellschaft auch in der Lage war, in unterschiedlichen Marktphasen die Entwicklung des Index nachzubilden.

Grundsätzlich entwickeln sich ETFs, die den gleichen Index zugrunde legen, langfristig ähnlich. Deshalb sollte die Wertentwicklung als letztes Kriterium, nach Prüfung der o.g. Kriterien, herangezogen werden.

Grafik 36: *Vergleich weltweit anlegende ETFs von verschiedenen Anbietern mit Referenzindex MSCI World Performanceindex in Prozent*

	Rendite 1 Jahr	Rendite 3 Jahre	Rendite 5 Jahre
ETF 1	29,05	43,51	78,99
ETF 2	29,26	43,44	79,16
ETF 3	29,01	43,2	78,91
ETF 4	29,51	44,4	80,78

Quelle: justetf.com, eigene Darstellung, Entwicklung 1, 3 und 5 Jahre, Stand 31.05.2021

Suchmaschinen im Internet ermöglichen es heute, aus der Vielzahl der ETFs den richtigen ETF sehr einfach auszuwählen. Anhand von entsprechenden Filtern können o.g. Auswahlkriterien in der Regel eingestellt werden.

ETFs sind bequem und kostengünstig. Bereits mit kleinen Beträgen kann man sich mit einem weltweit anlegenden ETF an über 1600 Unternehmen beteiligen. Es sollte immer ein Performanceindex dem ETF zugrunde gelegt sein. Der ETF sollte zudem den Index physisch durch Kauf der Aktien nachbilden.

KAPITEL 13

Wie kann man clever am Aktienmarkt anlegen?

Wussten Sie, dass

... man beim Tanken Geld sparen kann, wenn man nicht immer
volltankt, sondern immer für einen gleichbleibenden Betrag
tankt?

Wie bereits mehrfach ausgeführt geht es mir darum, langfristig ein Altersvermögen aufzubauen. Da gerade jungen Menschen häufig kein Vermögen zur
Verfügung steht, muss gespart werden. Und zwar regelmäßig und dauerhaft
über den gesamten Anlagezeitraum. Wir verhalten uns wie bei der gesetzlichen
Rente: langes „Zwangssparen" bis zum Renteneinstieg. Wichtig ist, dass richtig
gespart wird und mit langem Atem.

Über einen Ansparplan wird regelmäßig gespart. Wie sagt eine alte Kauf-
mannsweisheit: „Der Erfolg liegt beim Einkauf". Also müssen wir schauen,
dass wir richtig und vor allem günstig einkaufen. Wie geht das? Ganz einfach.
Wir machen uns das „Prinzip der günstigen Einstandspreise" (*cost-average*)
zunutze. Dieses Prinzip funktioniert überall dort, wo Preise schwanken. Ideal
dafür ist der Einkauf am Aktienmarkt.

Das Grundprinzip des kostengünstigen Einkaufs

Man investiert am Aktienmarkt zu vorher festgelegten Zeitpunkten (z. B. am
1. eines Monats) regelmäßig einen gleichen Betrag (z. B. monatlich 50 oder
100 Euro). Ist der Preis günstig, dann wird viel gekauft. Ist der Preis teuer,
dann wird wenig gekauft.

Grafik 37: *Funktionsweise Cost-Average: Anlage von 100 Euro (1) oder Kauf von 5 Anteilen (2)*

	Kauf monatlich	1.1.	1.2.	1.3.	1.4.	1.5.	1.6.			
	Preis pro Anteil	20 €	25 €	10 €	25 €	20 €	50 €	Anteile gesamt	Anlagebetrag gesamt	Durchschnittspreis pro Anteil
1	100 Euro/ Anteile?	5	4	10	4	5	2	30	600 €	20 €
2	5 Anteile/ Anlagebetrag?	100 €	125 €	50 €	125 €	100 €	250 €	30	750 €	25 €

Quelle: eigene Darstellung

Was passiert über den Anlagezeitraum?

- Bei Variante 1 wird zu jedem 1. des Monats ein Betrag von 100 Euro angelegt. Somit werden bei hohen Preisen (Aktienkursen) wenig Anteile gekauft, bei tiefen Kursen viele Anteile.
- Bei Variante 2 werden jeweils zu den Anlageterminen 5 Anteile erworben. Dadurch werden zu den Anlageterminen unterschiedliche Beträge angelegt.
- Durch das regelmäßige Anlegen wird vermieden, dass zu einem ungünstigen Zeitpunkt ein hoher Betrag investiert wird.
- Bei beiden Varianten werden insgesamt 30 Anteile erworben.
- Während bei Variante 2 insgesamt 750 Euro für 30 Anteile angelegt werden, mussten bei Variante 1 für die gleiche Anzahl an Anteilen nur 600 Euro investiert werden.

Ergebnis

Bei Variante 1 liegt der Durchschnittspreis bei 20 Euro pro Anteil, bei Variante 2 bei 25 Euro pro Anteil. Das heißt, der Einkauf ist bei Variante 2 insgesamt 25 % teurer.

Der durchschnittliche Einstandspreis ist bei schwankenden Preisen immer dann günstiger, wenn man einen gleichbleibenden Betrag anlegt, als wenn man die gleiche Stückzahl kauft. Durch den günstigeren Einstandspreis werden insgesamt höhere Erträge generiert. Darüber hinaus reduziert dieses Vorgehen die Risiken einer Anlage, da nach einer systematischen Logik gekauft wird. Auch wird vermieden, dass zu einem ungünstigen Zeitpunkt ein großer Betrag angelegt wird.

Schwankende Preise finden wir in vielen Lebensbereichen vor. Auch der Benzinpreis schwankt. Sie tanken also langfristig billiger, wenn Sie nicht immer voll, sondern für einen gleichbleibenden Betrag tanken. Probieren Sie es aus.

Schauen wir uns an, wie mit regelmäßigen Sparraten ein Vermögen aufgebaut werden kann. Wir investieren über lange Zeiträume monatlich 50 Euro in Anlageformen mit unterschiedlichem Ertrag.

Grafik 38: *Entwicklung einer monatlichen Sparrate von 50 Euro*

	Ertrag			
Anlagedauer und Anlagebetrag	Anlage 1 pro Jahr 1,5%	Anlage 2 pro Jahr 3,5%	Anlage 3 pro Jahr 5%	Anlage 4 pro Jahr 7,5%
10 Jahre 6.000 €	6.474 €	7.172 €	7.751 €	8.833 €
20 Jahre 12.000 €	13.987 €	17.289 €	20.377 €	27.038 €
30 Jahre 18.000 €	22.706 €	31.561 €	40.943 €	64.560 €
40 Jahre 24.000 €	32.825 €	51.692 €	74.443 €	141.893 €
50 Jahre 30.000 €	44.569 €	80.089 €	129.011 €	301.280 €
60 Jahre 6.000 €	58.198 €	120.146 €	217.896 €	629.780 €

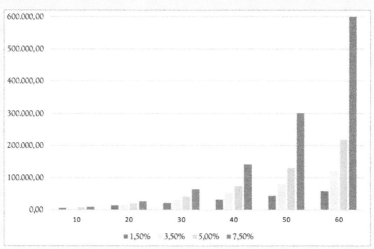

Quelle: eigene Berechnungen, zinsen-berechnen.de, ohne Inflation, Steuern und Gebühren

Die Grafik zeigt, wie wichtig es ist, auch bei Ansparplänen eine ertragsstarke Anlage zu wählen. In den ersten Jahren entwickelt sich das angesparte Vermögen bei allen Anlagen nahezu gleich. Je länger die Anlagedauer jedoch ist, umso deutlicher wird der Unterschied des angesparten Vermögens.

Der Treiber einer ertragsstarken Anlage ist der Zinseszinseffekt, wie in Kapitel 3 ausführlich dargestellt. Die Erträge werden wieder mit angelegt und ebenfalls ertragsstark verzinst. Daraus ergibt sich, dass das Vermögen insbesondere bei renditestarken Anlagen am Ende der Ansparphase überdurchschnittlich stark ansteigt. Je renditestärker also die Anlage, umso stärker der Effekt und somit das Vermögen.

Kernaussage

Regelmäßig gleichbleibende Sparraten führen zu einem günstigen Einstandspreis und reduzieren zusätzlich die Risiken. Auch bei Ansparplänen muss eine renditestarke Anlage gewählt werden, damit sich der Zinseszinseffekt entwickeln kann. Schwankungen einer renditestarken Anlage kommen dem regelmäßigen Sparen entgegen, da dadurch der Einstiegspreis optimiert werden kann. Da das Vermögen bei ertragsstarken Anlagen besonders am Ende überdurchschnittlich ansteigt, ist eine lange Anspardauer wichtig. Langes Sparen und Durchhalten ist angesagt!

Empfehlung

Investieren Sie monatlich mindestens 25 Euro in einen Aktienfondsplan. Ideal sind 50 Euro pro Monat. Alternativ können Sie aus Kostengründen (Gebühren) auch auf einen vierteljährlichen, maximal halbjährlichen Rhythmus wechseln. Hier sollte als Sparrate die Summe der monatlichen Sparraten angelegt werden. Die Auswirkung des Rhythmus sind bei gleichem Gesamtanlagebetrag aufgrund des sehr langen Anlagehorizonts von untergeordneter Bedeutung.

Wichtig ist, dass Sie eine renditestarke Anlageform wählen und Sie auch in den Genuss des Zinseszinseffektes kommen. Bei einem Aktiensparplan sind sowohl das „Prinzip des günstigen Einstandspreises" als auch der Zinseszinseffekt automatisch mit eingebaut.

KAPITEL 14

Wie sieht ein konkreter Vorschlag aus?

Fassen wir noch einmal zusammen.

Sie brauchen

... den Willen, sich ein Altersvermögen anzusparen.

... eine renditestarke Anlage mit Inflationsschutz.

... eine Anlage, bei der das Verlustrisiko ausgeschlossen ist.

... einen langfristigen und konsequenten Sparvorgang.

... ein Anlageinstrument, bei dem auch kleine Beträge bequem und kostengünstig angelegt werden können.

... Konsequenz und Disziplin, „Zwangssparen".

Das Ziel ist für alle gleich: Aufbau eines Altersvermögens, um im Alter finanziell unbeschwert leben zu können. Das funktioniert aber nur, wenn Sie langfristig in eine renditestarke Aktienanlage investieren. Prüfen Sie ihre persönliche Situation, machen Sie den Gesundheitscheck für Ihre Altersvorsorge. Und dann los. Zögern Sie nicht!

So kommen Sie ganz unkompliziert zu Ihrer privaten Altersvorsorge
Schritt 1 – Entscheidung treffen!
Treffen Sie die Entscheidung, ein Altersvermögen konsequent und über einen langen Zeitraum aufzubauen. Verlieren Sie keine Zeit. Beginnen Sie spätestens mit dem Berufseinstieg. Je früher umso besser.

Schritt 2 – Persönliche Situation prüfen!
Prüfen Sie ausführlich Ihre ganz persönliche Situation. Wie hoch ist Ihr Einkommen? Wie hoch wird voraussichtlich Ihre gesetzliche Rente sein? Erhalten

Sie Zahlungen aus einer Betriebsrente oder aus anderen Quellen? Wo können Sie Geld einsparen und wieviel?

Schritt 3 – Sparrate festlegen!

Legen Sie fest, wieviel Sie regelmäßig sparen können. Die Sparrate sollte im Idealfall 50 Euro monatlich betragen. Sollten Sie dies nicht sparen können, dann reduzieren Sie den Betrag auf monatlich 25 Euro. Dies ist auch der Mindestbetrag bei Ansparplänen. Der Rhythmus sollte monatlich sein. Sollten Sie unter 50 Euro im Monat sparen können, dann erhöhen Sie den regelmäßigen Rhythmus auf vierteljährlich oder maximal halbjährlich. Der vierteljährliche Betrag sollte dann die Summe der ursprünglich geplanten monatlichen Sparraten sein. Nach oben sind keine Grenzen gesetzt. Sie können auch jederzeit die Ansparrate verändern, wenn sich Ihre Situation ändert. Interessant ist zudem, wenn Sie etwas Geld „übrig" haben, dieses auf den Ansparplan zusätzlich einzuzahlen. Wichtig ist aber erst einmal, mit dem Sparen zu beginnen.

Schritt 4 – ETF auswählen!

Suchen Sie sich einen weltweit anlegenden ETF, in den Sie ansparen wollen. Der zugrundeliegende Index sollte der MSCI World Performance-Index sein. Hier haben Sie die größtmögliche Sicherheit. Beachten Sie die unter Kapitel 12 definierten Kriterien für die Auswahl des ETF. Eine ETF Suche ist im Internet über unabhängige ETF Suchmaschinen sehr einfach möglich. Derartige Suchmaschinen ermöglichen Ihnen, über einen Filter die angebotenen ETFs nach den in Kapitel 12 genannten Kriterien zu sortieren. Sie erhalten dann die ETFs angezeigt, die für Sie in Frage kommen. Notieren Sie die ISIN oder Wertpapierkenn-Nummer des ETF, in den Sie ansparen wollen. Die Nummer brauchen Sie noch für das Anlegen des ETF-Ansparplanes (siehe auch ETF-Suche in Kapitel 15).

Schritt 5 – Onlinebank oder Onlinebroker auswählen!

Suchen Sie sich einen Onlinebroker oder eine Onlinebank aus. Bei diesen Instituten sind die Gebühren am günstigsten. Sie finden diese sehr einfach über das Internet. Achten Sie darauf, dass das Institut Mitglied im Einlagensicherungsfonds ist und unter der Kontrolle des Bundesaufsichtsamtes steht. Diese beiden Informationen finden sie in der Regel auf der Homepage des Instituts. Prüfen Sie die Gebühren genau. Nachfolgende Aufstellung soll Ihnen eine kleine Hilfestellung geben:

1. Das Konto und das Depot sowie die Einrichtung des ETF-Ansparplanes sollten gebührenfrei sein.

2. Prüfen Sie, ob Gebühren für den regelmäßigen Kauf der ETF-Anteile verlangt werden. Gebühren pro Kauf sind durchaus gängig. Achten Sie deshalb darauf, dass diese möglichst gering sind. Viele Institute bieten auch – oft im Rahmen von Aktionen – gebührenfreie oder deutlich kostenreduzierte ETFs an. Prüfen Sie einfach, ob ein weltweit anlegender Fonds, welcher die Kriterien in Kapitel 12 erfüllt, angeboten wird. Dies ist normalerweise der Fall. Zielsetzung sollte sein, den Ansparplan möglichst kostengünstig zu bekommen.

3. Prüfen Sie die generellen Gebühren für den Kauf eines ETF. Dies sollten Sie für den Fall wissen, wenn Sie neben dem Ansparplan ETF-Anteile kaufen wollen. In jedem Fall sollte es sich um eine feste Gebühr pro Kauf handeln und pro Kauf 5 Euro nicht übersteigen.

4. Prüfen Sie, ob noch andere Gebühren anfallen.

Schritt 6 – Konto/Depot eröffnen!

Eröffnen Sie bei dem von Ihnen ausgewählten Institut ein Konto und ein Depot. Sie brauchen beides. Die Eröffnung geht gemeinsam auf einem Formular. Sie können sich über das Internet über alles informieren. Jedes Institut schaltet zudem eine Telefon-Hotline, wo Sie ebenfalls alle Informationen erhalten können. Bei der Depoteröffnung müssen Sie zusätzlich Angaben zur Einstufung Ihrer Risikobereitschaft nach § 31 (5) WpHG machen. Bei Aktien ETFs ist die Risikoklasse ‚D' (spekulativ) auszuwählen. Dies ist notwendig, damit Sie die Aktien-ETFs über einen Aktien-Sparplan kaufen können. Lassen Sie sich von der Risikoklasse nicht beunruhigen, Sie investieren in einen breit gestreuten Aktien-ETF. Die per Gesetz notwendige Legitimationsprüfung können Sie dann per Internet oder bei der Deutschen Bundespost per Post ID durchführen.

Schritt 7 – Einrichten des Ansparplanes!

Nachdem das Konto und Depot freigeschaltet sind, richten Sie den Anspar-plan ein. Folgende Punkte müssen Sie definieren: Höhe des regelmäßigen Anlagebetrages, Zeitpunkt (Rhythmus und Tag des Kaufs des ETF, Name des ETF (Wertpapierkenn-Nr.). Sollte Ihre Ansparrate unter 50 Euro liegen, dann legen Sie den Ansparplan auf viertel-/oder halbjährlich an. Das spart Kosten. Sie können zu Beginn auch zusätzlich noch einen Einmalbetrag anlegen, wenn Sie das wollen.

Schritt 8 – Überweisen der Sparraten!

Überweisen Sie die Sparraten auf das neue Konto. Achten Sie darauf, dass rechtzeitig zu den Kaufzeitpunkten das Geld auf dem Konto eingebucht ist. Ansonsten wird kein Kauf ausgeführt. Empfehlenswert wäre es, einen Dauerauftrag von Ihrem normalen Girokonto, der zeitlich angepasst wird, einzurichten. Oder Sie überweisen einen größeren Betrag, der auf dem neu eingerichteten Konto bis zur Anlage stehen bleibt. Etwas bequemer ist hier die Einrichtung eines Kontos und Depots bei einer Onlinebank. Der

Ansparplan wird auf dem Depot eingerichtet. Das Konto können Sie als ganz normales Girokonto verwenden. Zusätzlich wird von diesem Konto der Sparbetrag für den Ansparplan zu den definierten Zeitpunkten abgebucht. Eine separate Umbuchung von Konto zu Konto ist dann nicht notwendig. Dieses Vorgehen spart eventuelle Überweisungsgebühren, ist aber bei einem reinen Onlinebroker nicht möglich. Überprüfen Sie deshalb das „Gesamtpaket" des ausgewählten Instituts.

Schritt 9 – Steuerlichen Freibetrag erteilen!

Erteilen Sie dem Institut einen Freibetrag für die Erträge, damit Ihnen keine Steuer abgezogen wird. Alleinstehende haben einen Freibetrag von 801 Euro jährlich. Ehepaare haben einen Freibetrag von 1.602 Euro.

Schritt 10 – Ansparplan einsehen!

Sie können Ihren ETF-Ansparplan jederzeit über das Internet einsehen. Sie bekommen zusätzlich jährlich eine Übersicht über die regelmäßigen Käufe und eine Bestandsübersicht. Darüber hinaus erhalten Sie für Ihre steuerlichen Unterlagen jährlich eine Steuerbescheinigung.

Schritt 11 – Ansparplan anpassen!

Sie haben nun ein hoch flexibles Anlageinstrument. Sie können jederzeit die Ansparrate an Ihre veränderte persönliche Situation anpassen (erhöhen/ reduzieren). Und Sie können jederzeit zusätzlich Geld auf den Ansparplan einzahlen. Der Ansparplan unterliegt keinen Kündigungs- oder Verfügungsbeschränkungen. Deshalb müssen Sie sich selbst ein Zwangssparen auferlegen. Vermeiden Sie in jedem Fall eine Unterbrechung oder gar eine Verfügung des angesparten Vermögens. Beschränken Sie Verfügungen auf eine wirkliche Notlage.

Schritt 12 – Ruhe bewahren!

Halten Sie durch, egal was Sie an Nachrichten lesen oder hören. Haben Sie keine Angst vor kurzfristigen Schwankungen. Diese machen eventuell nervös und können in manchen Phasen auch heftig sein und dadurch verunsichern. Aber gerade diese Schwankungen bringen Ihnen langfristig einen attraktiven Ertrag. Die Zeit arbeitet für Sie.

Damit Sie sich ungefähr vorstellen können, wie sich regelmäßiges Sparen für Sie lohnen kann, habe ich Ihnen verschiedene „Modelle" gerechnet. Die Zahlen sind nur Näherungswerte und sollen Tendenzen aufzeigen. Angelegt werden die Sparraten in den breiten weltweiten Aktienmarkt. Bei allen Modellen wurde ein durchschnittlicher jährlicher Ertrag von 7,50% unterstellt. Da der Berufseintritt je nach Ausbildung unterschiedlich sein kann, wurden verschiedene Anlagezeiträume dargestellt.

1. Das klassische Altersvorsorgemodell für jeden

Mit Eintritt in das Berufsleben werden monatlich 50 Euro auf einen ETF-Aktiensparplan eingezahlt.

Grafik 39: *Das klassische Modell für jeden*

Anlagedauer	Sparraten gesamt	Vermögen
50 Jahre (der Auszubildende)	30.000 €	301.280 €
40 Jahre (der Student)	24.000 €	141.893 €
30 Jahre (der „Trödler")	18.000 €	64.560 €

Quelle: eigene Berechnungen bei durchschnittlichen Erträgen von 7,5% p.a., jeweils zum Monatsbeginn, finanzen-rechner.de, ohne Gebühren, Inflation und Steuer

2. Das aufgepeppte klassische Modell

Mit Eintritt in das Berufsleben werden monatlich 50 Euro auf einen ETF-Aktiensparplan eingezahlt. Zusätzlich werden zu Beginn des Ansparplanes 500 Euro und dann jährlich am Anfang des Jahres ebenfalls 500 Euro einbezahlt

Grafik 40: *Das aufgepeppte klassische Modell*

Anlagedauer	Sparraten gesamt	Vermögen
50 Jahre (der Auszubildende)	55.000 €	560.660 €
40 Jahre (der Student)	44.000 €	264.044 €
30 Jahre (der „Trödler")	33.000 €	120.137 €

Quelle: eigene Berechnungen bei durchschnittlichen Erträgen von 7,5% p.a., jeweils zum Monats- bzw. Jahresbeginn, finanzen-rechner.de, ohne Gebühren, Inflation und Steuer

3. Das Turbomodell

Mit Eintritt in das Berufsleben werden monatlich 100 Euro auf einen ETF-Aktiensparplan eingezahlt. Zusätzlich erfolgen zu Beginn eine einmalige Zahlung von 1.000 Euro und jährlich 1.000 Euro.

Grafik 41: *Das Turbomodell*

Anlagedauer	Sparraten gesamt	Vermögen
50 Jahre (der Auszubildende)	110.000 €	1.121.280 €
40 Jahre (der Student)	88.000 €	528.088 €
30 Jahre (der „Trödler")	66.000 €	240.274 €

Quelle: eigene Berechnungen bei durchschnittlichen Erträgen von 7,5% p.a., jeweils zum Monats- bzw. Jahresbeginn, finanzen-rechner.de, ohne Gebühren, Inflation und Steuer

4. Das Lottomodell

Da im Schnitt in Deutschland für 25 Euro monatlich Lotto gespielt wird, werden 25 Euro über 50 Jahre in einen Investmentplan einbezahlt.

Grafik 42: *Das Lottomodell*

Anlagedauer 50 Jahre	Sparraten gesamt	Vermögen
Monatlich 25 Euro	15.000 €	150.640 €
Vierteljährlich 75 Euro	15.000 €	151.545 €

Quelle: eigene Berechnungen bei durchschnittlichen Erträgen von 7,5% p.a., jeweils zum Monats- bzw. Quartalsbeginn, finanzen-rechner.de, ohne Gebühren, Inflation und Steuer

Alle Modelle zeigen, dass man über eine renditestarke Anlage und einen langen Sparvorgang ein ansehnliches Vermögen ansparen kann.

5. Das Generationenmodell

Vor diesem Hintergrund noch ein Tipp. Wie wäre es mit einem „Generationen-modell" – die Großeltern beginnen mit der Altersvorsorge für das Enkelkind? Auch wenn das Geschenk unterm Weihnachtsbaum oder im Osternest dann etwas kleiner ausfällt, wird das Enkelkind Ihnen das spätestens an seinem 18. Geburtstag danken. Über das Vermögen des Ansparplans wird beim 18. Geburtstag nicht verfügt, sondern der Ansparplan wird vom Enkelkind bis zur Rente weitergeführt.

Bei der Geburt des Kindes wird von den Großeltern oder Eltern ein ETF-Sparplan eingerichtet. Die Sparrate beträgt monatlich 50 Euro. Als „Willkommensgeschenk" werden am Anfang einmalig 500 Euro auf den Spar-plan einbezahlt. Anstelle von teuren Geschenken werden auf den Sparplan vierteljährlich noch 50 Euro einbezahlt. Der Plan läuft insgesamt 60 Jahre.

Grafik 43: Das Generationenmodell

Anlagedauer 60 Jahre	Sparraten gesamt	Vermögen
Einmalig 500 Euro	500 €	38.325 €
Monatlich 50 Euro	36.000 €	629.800 €
Vierteljährlich 50 Euro	12.000 €	211.187 €
Gesamt	48.500 €	879.312 €

Quelle: eigene Berechnungen bei durchschnittlichen Erträgen von 7,5% p.a., jeweils zum Monats-/Quartals-/Jahresbeginn, finanzen-rechner.de, ohne Gebühren, Inflation und Steuer

Berechnen Sie Ihre ganz persönliche private Altersvorsorge!
Mit den nachfolgenden Tabellen können Sie grob ermitteln, welches Vermögen sich bei einer Einmalanlage bzw. einer monatlichen Sparrate über verschiedene Laufzeiten ansparen lässt. Die Tabelle ist auf 1 Euro gerechnet. Sie müssen nur Ihre Sparrate oder Einmalanlage mit der Zahl entsprechend der Anlagedauer und des jährlichen Ertrages multiplizieren.

Grafik 44: Monatliche Sparrate von 1 Euro

Spardauer in Jahren/Ertrag	20	30	40	50	60
1	266	420	590	778	985
1,5	280	454	657	891	1.164
2	295	493	733	1.026	1.383
2,5	311	534	820	1.186	1.654
3	328	580	920	1.376	1.988
3,5	346	631	1.034	1.602	2.403
4	365	688	1.165	1.872	2.918
5	408	819	1.489	2.580	4.358
6	456	620	1.918	3.597	6.605
7	511	1.177	2.486	5.063	10.132
7,5	541	1.291	2.838	6.026	12.596
8	573	1.418	3.244	7.184	15.690
9	644	1.715	4.252	10.258	24.475
10	725	2.081	5.599	14.723	38.390

Quelle: eigene Berechnungen, Ertrag p.a. mit Zinseszins gerechnet, finanzenrechner.de, jeweils zum Monatsbeginn, ohne Gebühren, Inflation und Steuer

Eine monatliche Sparrate von 50 Euro ergibt bei einer Spardauer von 40 Jahren bei 7% Ertrag ein Vermögen von 124.300 Euro (50 x 2.486).

Grafik 45: *Einmalanlage 1 Euro*

Anlagedauer in Jahren/Ertrag	20	30	40	50	60
1	1,22	1,35	1,49	1,64	1,82
1,5	1,35	1,56	1,81	2,11	2,44
2	1,49	1,81	2,21	2,69	3,28
2,5	1,64	2,10	2,69	3,44	4,40
3	1,81	2,43	3,26	4,38	5,89
3,5	1,99	2,81	3,96	5,58	7,88
4	2,19	3,24	4,8	7,11	10,52
5	2,65	4,32	7,04	11,47	18,68
6	3,21	5,74	10,29	18,42	32,99
7	3,87	7,61	14,97	29,46	57,95
7,5	4,25	8,75	18,04	37,19	76,65
8	4,66	10,06	21,72	46,9	101,26
9	5,6	13,27	31,41	74,36	176,03
10	6,73	17,45	45,26	117,39	304,48

Quelle: eigene Berechnungen, Ertrag p.a. mit Zinseszins gerechnet, finanzen-rechner.de, ohne Gebühren, Inflation und Steuer

Eine Einmalanlage von 5.000 Euro ergibt bei einer Spardauer von 60 Jahren bei 7% Ertrag pro Jahr ein Vermögen von 289.750 Euro (5 000 x 57,95).

KAPITEL 15

Noch ein paar Fragen zum Schluss

Es wurden an mich noch viele Fragen und Themen herangetragen, die ich leider nicht alle in diesem Buch abhandeln konnte. Aber einige Fragestellungen sind mir dann doch so wichtig, dass ich darauf noch kurz eingehen möchte.

1. Wie finde ich einen attraktiven ETF?

Nachfolgende Übersicht zeigt, wie Sie über www.justetf.com einen weltweit anlegenden ETF mit Referenzindex MSCI World für Ihren Ansparplan finden können.

	Rufen Sie die Internetseite www.justetf.com auf
1	ETF Suche beginnen
	Klicken Sie auf ETF Suche. Es öffnet sich der Filter zur ETF Suche. Auf der linken Seite finden Sie die Kriterien. Sie müssen, um alle Kriterien sehen zu können, evtl. die Seite nach oben scrollen.
2	Kriterium Anlageklasse
	Klicken Sie auf die Anlageklasse „Aktien". Es werden verschiedene Anlageklassen angezeigt. Klicken Sie auf Regionen (Pfeile). Es werden verschiedene Regionen angezeigt. Wählen Sie die Region „Welt" aus und klicken Sie auf „Welt". Im Kriterium Anlageklasse erscheint nun: Aktien und Welt. Rechts neben der Kriterien Auswahl werden jetzt alle ETFs mit dem Referenzindex MSCI World angezeigt. Diese Fondsauflistung der ausgewählten ETFs wird mit jedem neuen Kriterium entsprechend angepasst (reduziert).
3	Kriterium Indexauswahl
	Scrollen Sie die Seite bis zum Kriterium Indexauswahl. Klicken Sie auf Indexauswahl (Pfeile). Scrollen Sie die Liste bis MSCI World. Klicken Sie auf MSCI World. Im Kriterium Indexauswahl wird jetzt MSCI World angezeigt.

4	Kriterium Alter (Zeitpunkt der Fondsauflegung)
	Klicken Sie auf „Alter" (Plus). Es werden verschiedene Zeiträume angezeigt. Klicken Sie auf „älter als 5 Jahre". Diese Altersangabe wird fett unterlegt. Um eine größere Auswahl an ETFs zu erhalten, können Sie auch „älter als 3 Jahre" anklicken.
5	Kriterium Ausschüttung
	Klicken Sie auf „Ausschüttung" (Plus). Es werden verschiedene Optionen angezeigt. Klicken Sie auf „Thesaurierend". Dieses Kriterium wird fett hinterlegt.
6	Kriterium Fondsgröße
	Klicken Sie auf „Fondsgröße" (Plus). Es werden verschiedene Optionen angezeigt. Klicken Sie auf „größer 500 Mio.". Dieses Kriterium wird fett hinterlegt.
7	Kriterium Replikationsmethode
	Klicken Sie auf „Replikationsmethode" (Plus). Es werden verschiedene Optionen angezeigt. Markieren Sie die Optionen „Vollständig" und „Sampling". Die Fondsauflistung rechts neben den Kriterien enthält jetzt alle ETFs mit den ausgewählten Kriterien. Evtl. müssen Sie die Seite nach unten scrollen, um die Auflistung sehen zu können.
8	ETFs auswählen und vergleichen
	Klicken Sie die ETFs im Kästchen an. Die ausgewählten ETFs werden farbig unterlegt. Zudem erscheint die Anzahl der Fonds unter „Auswahl vergleichen". Klicken Sie auf den Pfeil und öffnen Sie das Fenster. Klicken Sie auf „Auswahl im Detailvergleich anzeigen. Die ETFs, die Sie ausgewählt haben, werden jetzt im Detailvergleich gegenübergestellt. Achten Sie darauf, dass Sie nicht mehr als 4 ETFs auf einer Seite miteinander vergleichen können.
9	Detailvergleich der ausgewählten ETFs
	Im Detailvergleich finden Sie alle weiteren Angaben wie Name, ISIN, Referenzindex, Index-Typ, Fondsgröße sowie verschiedene Wertentwicklungs- und Risikokennziffern über verschiedene Zeiträume. Um den gesamten Detailvergleich einsehen zu können, müssen Sie die Seite evtl. nach oben scrollen.

10	Fact-Sheet und KIID
	Im Detailvergleich finden Sie ebenfalls das Fact-Sheet sowie das KIID, welche weitere ausführliche Informationen über den Fonds enthalten. Einfach anklicken, dann öffnet sich die Unterlage.
11	Informationen Onlinebroker
	Am Ende finden Sie noch eine Auflistung von Onlinebrokern sowie die entsprechenden Gebühren für einen Ansparplan sowie evtl. Aktionsangebote.

Sofern Sie einen oder mehrere konkrete ETFs suchen und zu diesen Fonds Informationen benötigen, gehen Sie wie folgt vor.

	Rufen Sie die Internetseite www.justetf.com auf
1	ETF Suche beginnen
	Klicken Sie auf ETF Suche. Es öffnet sich der Filter zur ETF Suche. Direkt oberhalb der Kriterien befindet sich ein Suchfeld. Schreiben Sie in das Suchfeld entweder die ISIN oder die Wertpapierkenn-Nummer. Es wird Ihnen dann der gewünschte ETF als Suchergebnis angezeigt. Sie können auch mehrere ETFs auf diese Weise suchen. Dann werden alle gesuchten ETFs angezeigt.
2	Detailinformationen des ETF anschauen
	Markieren Sie den ETF im Kästchen. Der ausgewählte ETF wird farbig unterlegt. Der Fonds wird in „Auswahl vergleichen" übernommen. Klicken Sie mit der linken Maustaste auf den Pfeil und öffnen Sie das Fenster. Klicken Sie auf „Auswahl im Detailvergleich anzeigen". Der ETF, den Sie ausgewählt haben, wird jetzt im Detailvergleich gegenübergestellt. Sollten Sie mehrere ETFs ausgewählt haben, erscheinen alle ausgewählten ETFs im Detailvergleich.

3	Detailvergleich der ausgewählten ETFs
	Im Detailvergleich finden Sie alle weiteren Angaben des gewünschten ETF wie Name, ISIN, Referenzindex, Index-Typ, Fondsgröße sowie verschiedene Wertentwicklungs- und Risikokennziffern über verschiedene Zeiträume. Um den gesamten Detailvergleich einsehen zu können, müssen Sie die Seite evtl. nach oben scrollen.
4	Fact-Sheet und KIID
	Im Detailvergleich finden Sie ebenfalls das Fact-Sheet sowie das KIID, welche weitere ausführliche Informationen über den Fonds enthalten.
5	Informationen Onlinebroker
	Am Ende finden Sie noch eine Auflistung von Onlinebrokern sowie die entsprechenden Gebühren für einen Ansparplan sowie evtl. Aktionsangebote.

2. Kann ich auch in einen anderen ETF oder in mehrere ETFs sparen?

Grundsätzlich können Sie in alle ETFs investieren, bei denen ein ETF-Anspar-plan möglich ist, sei es in einen Länder/Regionen- ETF oder in einen speziellen Branchen-/Themenfonds wie z. B. in einen ETF, der „nachhaltig" anlegt. Die Angebote können je nach Institut variieren. Ein ETF-Ansparplan in ETFs, die Standard-Indices abbilden, wird von nahezu allen Instituten angeboten. Hier sind auch die Gebühren im vertretbaren Rahmen. Allerdings sollten Sie bei der ETF-Auswahl auf eine gute Diversifikation des ETF achten und die Kriterien berücksichtigen, die in Kapitel 12 beschrieben sind.

Beachten Sie, dass sich das Ertrags- und Risikoverhalten je nach Anlage-schwerpunkt des ETF zu den im Buch gemachten Aussagen verändert. Und schauen Sie sich den ETF und die Gebühren genau an. Prüfen Sie, in welche Aktiensegmente der ETF investiert. Sie sollten wissen, in was Sie Ihr Geld investieren.

Eine weitere, sehr charmante Möglichkeit besteht darin, die regelmäßige Sparrate auf zwei oder maximal drei ETFs aufzuteilen. Dies ist natürlich nur sinnvoll ab einer gewissen Höhe der regelmäßigen Sparrate, z. B. über 100 Euro. Anstelle in einen weltweiten ETF zu investieren, könnte die Sparrate z. B. gleichgewichtet in einen ETF USA, ETF Europa und evtl. noch in einen ETF *Emerging Markets* (wirtschaftliche Schwellenländer) angelegt werden. Dadurch könnte die hohe USA-Gewichtung im MSCI World reduziert und erhöhten Wachstumsperspektiven der wirtschaftlichen Schwellenländer Rechnung getragen werden. Aber verzetteln Sie sich nicht. Sie müssten in diesem Fall für jeden ETF einen Ansparplan einrichten. Und Sie sollten auch die für jeden ETF anfallenden Gebühren im Blick haben, da diese Ihren Ertrag schmälern.

3. Was mache ich, wenn es zu einem starken Kursrückgang am Aktienmarkt kommt und mein ETF stark fällt?

Bewahren Sie Ruhe. Verfallen Sie nicht in Panik. Lassen Sie sich nicht nervös machen. Halten Sie an Ihrem Sparplan fest und verkaufen Sie auf keinen Fall. Der Erfolg liegt darin, dass Sie den Sparvorgang über lange Zeit bis zum Renteneintritt durchhalten. Mit einem Verkauf oder einer Unterbrechung des Sparvorgangs „vernichten" Sie alles, was Sie bisher erfolgreich aufgebaut haben.

Ich möchte sogar noch einen Schritt weiter gehen. Schalten Sie den Turbo ein. Verdoppeln Sie, wenn es Ihnen möglich ist, die Sparrate für mindestens ein Jahr, wenn der MSCI World z. B. um 25 % fällt. Dies führt dazu, dass Sie von steigenden Aktienkursen mit einem höheren Anlagevolumen profitieren.

4. Was mache ich, wenn ich eine größere Anschaffung plane und mein Ansparplan bereits einen ansehnlichen Betrag aufweist?

Verkaufen Sie in keinem Fall das Vermögen aus dem Ansparplan. Trennen Sie in jedem Fall Ihren Sparvorgang für die Altersvorsorge von anderen Anlage- und

Investitionsentscheidungen. Sie haben den Ansparplan eingerichtet, um für das Alter finanziell vorzusorgen. Wenn Sie auf halber Strecke stehen bleiben, werden Sie Ihr Ziel nicht erreichen. Wenn Sie das Vermögen jetzt für andere Zwecke verbrauchen, stehen Sie später ohne private Altersvorsorge da und fangen wieder von vorne an.

Der Aufbau eines Altersvermögens braucht Zeit und Durchhaltevermögen. Versuchen Sie daher in jedem Fall, Ihren Sparplan durchzuhalten und weitere Investitionen anders darzustellen. Leider wird häufig das für die Altersvorsorge aufgebaute Vermögen im Zeitablauf für z. B. den Autokauf, den Möbelkauf oder den Hauskauf verwendet – oft mit dem Argument „Die Altersvorsorge holen wir nach, wenn es uns finanziell besser geht". Das wird in den wenigsten Fällen funktionieren. In diese „Falle" sollten Sie nicht tappen, sondern konsequent den Ansparplan wie vorgesehen durchhalten. Nur so kommt man zu seinem Altersvermögen.

5. Wie verhalte ich mich am Ende des Sparvorganges, wenn ich das Geld benötige, z. B. als zusätzliche Rente?

Bis dahin haben Sie noch viel Zeit, sich Gedanken zu machen. Aber in der Tat wird am Ende ein attraktives Altersvermögen stehen, welches betreut werden will. Es muss rechtzeitig, am besten mindestens 5 Jahre vorher, überlegt werden, wie und zu welchen Terminen das Vermögen benötigt wird. Wird ein größerer Betrag benötigt oder soll eine regelmäßige „Rente" ausgezahlt werden? Dies sind wichtige Fragestellungen, die rechtzeitig geklärt werden müssen.

Da Ihr Vermögen am Ende des Sparvorgangs zu 100 Prozent am Aktienmarkt investiert ist, unterliegt es auch den Schwankungen und den Risiken des Aktienmarktes. Was sich zum Sparvorgang deutlich verändert hat, ist der zeitliche Aspekt. Da Sie am Ende auch den Lohn des Sparens einfahren und über das Vermögen verfügen wollen, steht jetzt die Sicherung des Vermögens an oberster Stelle.

Vermögen, welches kurzfristig benötigt wird, muss in jedem Fall in den sicheren Hafen, d.h. risikoarme und weniger schwankungsintensive Anlagen, gebracht werden. Es ist auch jederzeit möglich, sich aus dem Vermögen einen regelmäßigen Betrag, quasi als Zusatzrente, auszahlen zu lassen. Achten Sie allerdings auch hierbei darauf, dass das Vermögen in eine stabile Anlagestruktur überführt wird. Aber dazu mehr in meinem nächsten Buch.

Ich hoffe, dieser kleine Ratgeber konnte Ihnen verständlich aufzeigen, wie Sie einfach und bequem zu einem Altersvermögen kommen können.

Viel Spaß mit Ihrer privaten Altersvorsorge. Und lassen Sie sich Zeit, denn „Gut Ding will Weile haben". Dies erkannte der deutsche Schriftsteller Hans Jakob Christoffel von Grimmelshausen bereits 1669.

Glossar

Aktie
Eine Aktie ist ein Wertpapier, das den Anteil an einer Aktiengesellschaft verbrieft. Aktien können über die Börse gekauft und verkauft werden.

Aktionär
Inhaber einer Aktie.

Aktienindex
Ein Aktienindex ist ein Korb aus Aktien, der einen ganzen Aktienmarkt oder einen Teilmarkt repräsentiert und abbildet. Beispielsweise enthält der Deutsche Aktienindex, kurz DAX 30, die Aktien der 30 größten deutschen Aktiengesellschaften. Er bildet das Marktsegment deutsche Standardwerte ab. Ein Index wird gebildet, um einen Indikator für die Entwicklung eines Gesamt- oder Teilmarktes, einer Branche oder einer Region zu schaffen. Ein Aktienindex ist somit eine Kennziffer zur Darstellung der Kursentwicklung.

Aktiengesetz
Das deutsche Aktiengesetz regelt die Errichtung, die Verfassung, die Rechnungslegung, die Hauptversammlungen und die Liquidation (Auflösung) von Aktiengesellschaften.

Aktienmarkt
Der Aktienmarkt ist ein Marktsegment des Kapitalmarktes, welches den Handel mit Aktien umfasst. Aktienmärkte können nach verschiedenen Kriterien wie Länder oder Regionen, Branchen und Themen oder die Größe der Aktiengesellschaften eingeteilt werden.

Aktiensparplan

Hierunter versteht man das regelmäßige Sparen in Aktien (siehe auch *Ansparplan*).

Anlagegrundsätze

Für jeden ETF gibt es Anlagegrundsätze. Sie legen fest, wie das Fondsvermögen des ETF angelegt wird. Die Anlagegrundsätze werden ausführlich im *Datenblatt* der auflegenden Fondsgesellschaft dargestellt (siehe auch *Referenzindex*).

Anleihen

Anleihen sind Zinspapiere, die einen regelmäßigen Zins zahlen und in unterschiedlichen Laufzeiten ausgegeben werden. Über Anleihen können sich Banken, Staaten, Länder oder auch Unternehmen fremdes Geld (siehe auch *Fremdkapital*) beschaffen. Verschuldet sich die Bundesrepublik Deutschland über die Ausgabe einer Anleihe, dann spricht man von einer Bundesanleihe. Bundesanleihen haben die beste Güte und sind sehr sicher. Andere Begriffe, die oft für Zinspapiere verwendet werden sind Schuldverschreibung, Rentenpapier oder Obligation.

Ansparplan

Unter einem Ansparplan versteht man, dass man regelmäßig z. B. monatlich oder vierteljährlich einen festen Betrag in eine Anlage z. B. Aktien spart *(Aktiensparplan)*. Werden die regelmäßigen Sparraten in Fonds angelegt, spricht man von einem Fonds- oder Investmentsparplan.

Ausschüttend

Schüttet ein Fonds realisierte Erträge wie z. B. Zinsen, Dividenden oder auch Kursgewinne an den Fondsbesitzer aus, spricht man von einem ausschüttenden Fonds. Dies kann einmal oder mehrmals im Jahr erfolgen. Die Erträge können aber auch im Fonds belassen werden *(thesaurierender Fonds)*.

Betriebsrente

Renten, die neben der gesetzlichen Rente von Unternehmen freiwillig an ihre Mitarbeiter gezahlt werden. Die Betriebsrenten sind an gesetzliche und unternehmensspezifische Kriterien gebunden wie z. B. Betriebszugehörigkeit, Einkommen usw. Betriebsrenten bieten insbesondere große Unternehmen ihren Mitarbeitern an. Betriebsrenten helfen, die *Rentenlücke* zusätzlich zu schließen.

Bonität

Unter Bonität versteht man die Güte, d.h. die Zahlungsfähigkeit eines Unternehmens bzw. Schuldners. Die Bonität ist ein Gradmesser dafür, ob ein Schuldner auch in der Lage ist, regelmäßige Zinsen zu zahlen und Schulden wieder zurückzubezahlen. Je besser die Bonität beurteilt wird, umso weniger muss ein Unternehmen am Kapitalmarkt für die Aufnahme von Kapital, d.h. Zins bezahlen. Unternehmen mit schlechter Bonität müssen mehr Zinsen anbieten, damit ihre Anleihen gekauft werden. Die beste Bonität haben Schuldner, die ihre Zinsen und das Kapital in jedem Fall wieder zurückbezahlen können. Die Bundesrepublik Deutschland gilt als Schuldner bester Bonität. Anleihen bester Bonität haben eine hohe Sicherheit.

Börse (Aktienbörse)

Plattform für den Kauf und Verkauf von Wertpapieren wie Aktien oder Schuldverschreibungen. Es gibt auch Börsen für Nahrungsmittel, Rohstoffe oder andere Güter. Die Börse bringt das Angebot und die Nachfrage nach Aktien zusammen und ermittelt einen Preis für die gehandelten Aktien.

Börsenwert

Der Börsenwert oder auch die Marktkapitalisierung ist der rechnerische Gesamtwert der in Umlauf befindlichen Aktien eines börsennotierten Unternehmens (Anzahl der Aktien x Aktienkurs). Mit dem Börsenwert kann der Marktwert eines Unternehmens bestimmt werden.

Bruttosozialprodukt (BSP)

Das BSP gibt den Gesamtwert aller Güter und Dienstleistungen, innerhalb einer Volkswirtschaft während eines bestimmten Zeitraumes, in der Regel ein Jahr, an. Die Veränderungsrate des Bruttosozialproduktes dient als Messgröße für das *Wirtschaftswachstum* einer Volkswirtschaft.

Bundesanleihe

Eine Bundesanleihe ist eine Schuldverschreibung, die der deutsche Staat (Bund) ausgibt. Bundesanleihen gibt es mit verschiedenen Laufzeiten. Es werden zumeist jährlich Zinsen an den Käufer bezahlt. Der jährliche Zins richtet sich nach der Laufzeit und steigt typischerweise mit der Laufzeit. Eine Bundesanleihe gilt als sehr sicher. Bundesanleihen werden nach der Erstausgabe durch den Bund an der Börse eingeführt und können dort jederzeit gekauft und verkauft werden. Der Kurs einer Bundesanleihe ändert sich somit laufend.

Crash (Aktiencrash)

Starker Rückgang der Aktienkurse in wenigen Tagen.

Datenblatt (fact-sheet)

Das Datenblatt wird von der auflegenden *Fondsgesellschaft* regelmäßig erstellt und enthält alle wichtigen Informationen über den ETF, wie das Anlageziel, den Referenzindex, die Wertentwicklung über verschiedene Zeiträume und zum Referenzindex, das Risiko des ETF oder die Anlageschwerpunkte. Mit Hilfe des Datenblattes soll sich der Anleger ein umfassendes Bild über den ETF machen können.

Depot

Ein Depot ist die Verwahrstelle für Wertpapiere wie Aktien, Anleihen oder Fonds. Wenn Sie Wertpapiere kaufen wollen, brauchen Sie immer auch ein Depot. Zusätzlich wird für das Depot noch ein Konto eröffnet. Über dieses

Konto werden dann die Sparraten sowie Käufe und Verkäufe von Wertpapieren abgewickelt. Das Konto kann auch ein ganz normales Girokonto sein.

Deutsche Bundesbank

Die Deutsche Bundesbank ist die unabhängige Zentralbank der Bundesrepublik Deutschland und für die Geldpolitik des Eurosystems mit verantwortlich. Weitere Aufgaben sind die Bankenaufsicht sowie der unbare Zahlungsverkehr und das Bargeld (Druck, Ausgabe).

Deutsche Rentenversicherung

Die deutsche Rentenversicherung ist für die gesetzliche Rente zuständig. Hauptsitz ist Berlin. Alle Fragen zu Ihrer Rente bekommen Sie dort beantwortet. Für jede Region gibt es eine Außenstelle der Deutschen Rentenversicherung.

Diversifikation

Unter Diversifikation versteht man eine breite Streuung der Geldanlage. Eine Aktienanlage kann man nach verschiedenen Gesichtspunkten diversifizieren, z. B. nach Regionen, Ländern, Branchen oder Einzeltiteln. Durch Diversifikation können die Risiken einer Aktienanlage im Vergleich zu einer Einzelaktie deutlich reduziert werden.

Dividende

Dividenden sind Gewinnausschüttungen von Aktiengesellschaften. Einmal im Jahr findet die Hauptversammlung einer Aktiengesellschaft mit den Aktionären (Teilhabern/Gesellschaftern) statt. In dieser Hauptversammlung wird auch über die Verwendung des erwirtschafteten Gewinns des Vorjahres entschieden. Ferner wird festgelegt, ob, wann und in welcher Höhe der Gewinn ausgeschüttet wird. Die Dividende wird pro Aktie festgelegt.

Eigenkapital

Das Eigenkapital ist das „eigene" Kapital des Unternehmens. Es wird von den Gesellschaftern – bei einer Aktiengesellschaft von den Aktionären – durch den Kauf von Aktien bereitgestellt. Das Eigenkapital haftet für das Unternehmen in vollem Umfang. Bankkredite, welche das Unternehmen aufnimmt, werden als *Fremdkapital* bezeichnet.

Einlagensicherungsfonds

Auch Bankeinlagen unterliegen einem Verlustrisiko (Konkurs der jeweiligen Bank). Die Einlagensicherung dient dazu, die Ersparnisse breiter Bevölkerungsschichten bei Banken zu sichern. Jede Bankengruppe in Deutschland ist gesetzlich verpflichtet, einen Einlagensicherungsfonds zu unterhalten. In dieses Sicherungssystem zahlt jede dem Einlagensicherungsfonds angeschlossene Bank regelmäßig Beiträge ein. In Deutschland sind pro Person und Bankverbindung 100.000 Euro über einen Einlagensicherungsfonds abgesichert.

Emerging Markets

Als Emerging Markets werden Finanzmärkte von sogenannten Schwellenländern bezeichnet. Es handelt sich um Länder, deren Volkswirtschaften sich in einem fortgeschrittenen Entwicklungsstadium befinden. Das Wirtschaftswachstum dieser Länder ist oft besonders dynamisch. Die Wirtschaftsordnung und das politische System sind aber häufig noch nicht gefestigt, was die Gefahr von Krisen und Instabilität erhöht.

Ertrag

Ertrag ist der absolute Betrag, den eine Geldanlage abwirft. Bei Bankeinlagen und Schuldverschreibungen sind es die Zinsen. Bei Aktien Dividenden und Kursgewinne. Wird der Ertrag zum eingesetzten Kapital dargestellt, spricht man von der *Rendite*.

Ertrag p. a.
Jährlicher Zins bzw. Ertrag.

ETF
ETFs sind börsengehandelte *Investmentfonds*, die einen Index nachbilden. Aktien-ETFs bilden Aktienindices nach. Es gibt ETFs von einer Vielzahl von Marktsegmenten (Länder, Regionen, Branchen, Themen usw.). Siehe auch *Investmentfonds*.

ETF-Aktiensparplan
Siehe *Ansparplan*. Die Sparraten werden bei einem ETF-Aktiensparplan in einen Aktien-ETF angelegt.

Europäische Zentralbank (EZB)
Die Europäische Zentralbank ist in der Europäischen Union (EU) für die Geldpolitik des Eurosystems verantwortlich. Hierzu zählen die Verwaltung des Euros, die Gewährleistung der Preisstabilität des Euros und die Umsetzung der Wirtschafts- und Währungspolitik der EU. Die EZB ist unabhängig und hat ihren Sitz in Frankfurt/Main.

Fonds *(Investmentfonds)*
Ein Fonds ist ein Topf, in welchem Anleger einbezahlen und Anteile erwerben. Dadurch können sich Anleger bereits mit kleinen Beträgen am Kapitalmarkt beteiligen. Wo und wie der Fonds das Geld anlegt, ist in den Anlagerichtlinien des Fonds festgelegt. Fonds werden *treuhänderisch* verwaltet. Zudem regelt ein spezielles Gesetz, das *Investmentfondsgesetz*, diese Art der Geldanlage. Damit sind Fonds rechtlich besonders geschützt und sicher. Es gibt sogenannte aktive und passive Fonds. Passive Fonds sind ETFs. Bei aktiven Fonds entscheidet ein Fondsmanager laufend nach seiner individuellen Markteinschätzung über die Anlage des Fondsvermögens.

Fremdkapital

Unter Fremdkapital versteht man Kapital, welches ein Unternehmen von fremden Stellen erhält. In der Regel sind dies Kredite von Banken oder Kapital, welches durch die Ausgabe von Schuldverschreibungen aufgenommen wird. Für Fremdkapital werden Zinsen bezahlt. Fremdkapital haftet nicht für das Unternehmen, sondern wird im Konkursfall durch das Vermögen und das Eigenkapital des Unternehmens zurückbezahlt.

Geldentwertung

Unter Geldentwertung versteht man den *Kaufkraftverlust* des Geldes *(Inflation)*.

Geldvermögen

Summe des gesamten Vermögens, welches von privaten Haushalten (Privatpersonen) angesammelt, also gespart wurde.

Generationenvertrag

Die gesetzliche Rente wird in Deutschland über den sogenannten Generationenvertrag finanziert. Dies bedeutet, dass die im Beruf stehenden Personen die Renten der Ruheständler finanzieren. Dies ist aufgrund der Bevölkerungsentwicklung heute bereits nicht mehr möglich. Den jährlichen Fehlbetrag übernimmt der deutsche Staat.

Hauptversammlung

Die Hauptversammlung ist die Versammlung aller Aktionäre/Teilhaber einer Aktiengesellschaft und dient der Information und Beschlussfassung über unternehmensbezogene Vorgänge, wie z. B. die Gewinnverwendung. Eine Hauptversammlung muss einmal im Jahr abgehalten werden.

Index

Ein Index ist eine künstliche Größe, die ein fest definiertes Marktsegment abbildet. So bildet ein *Aktienindex* ein spezielles Aktienmarktsegment, z. B. große deutsche Standardwerte, ab. Es gibt Kurs- und Performanceindices. Während Kursindices nur die reine Kursentwicklung des Marktsegmentes abbilden, berücksichtigen Performanceindices alle Erträge des Marktsegmentes. Ein Performanceindex entwickelt sich somit im gleichen Zeitraum besser als ein reiner Kursindex.

Inflation

Unter Inflation versteht man die *Geldentwertung*. Die Inflation wirkt sich in steigenden Preisen von Gütern und Dienstleistungen aus.

Inflationsrate

Unter Inflationsrate versteht man die Veränderung des Preisniveaus in einem bestimmten Zeitraum, in der Regel in einem Jahr.

Investmentfonds

Werden von *Investmentgesellschaften* aufgelegt. Es sind quasi Töpfe, an denen sich jeder beteiligen kann. Fondsanlagen müssen nach den Vorgaben des *Investmentgesetzes* aufgelegt werden. Fonds sind Sondervermögen, die *treuhänderisch* verwaltet werden. Das Vermögen bleibt somit Vermögen der Fondsanleger. Fonds können unterschiedliche Anlageschwerpunkte haben wie Aktien, Anleihen, Themen, usw. Welchen Anlageschwerpunkt ein Fonds abbildet, ergibt sich aus den Anlagegrundsätzen und den gesetzlich vorgeschriebenen Publikationen. Fonds können aktiv gemanagt werden, d.h. ein Fondsmanager steuert den Fonds nach seiner Markteinschätzung, oder passiv, dann spricht man von ETFs. Aktien-ETFs bilden ein Aktienmarktsegment über einen Index nach. Fonds haben insgesamt eine hohe Sicherheit, da sie gesetzlich überwacht werden.

Investmentfondsgesellschaft (Kapitalanlagegesellschaft)

Unternehmen, das Fonds auflegen darf. In der Regel sind es Teilkreditinstitute (keine Vollbanken), die unter der Kontrolle des Bundesaufsichtsamtes für Kreditwesen stehen. Das *Investmentgesetz* regelt alles rund um den *Investmentfonds*.

Investmentgesetz

Spezielles Gesetz für Investmentfonds. Es regelt umfassend diese Art der Geldanlage wie die Auflegung, die Preisfeststellung oder die Veröffentlichungspflichten.

Kaufkraft

Die Kaufkraft ist quasi der Wert des Geldes. Unter Kaufkraft versteht man, welche Gütermenge mit einer Geldeinheit oder einem bestimmten Geldbetrag gekauft werden kann. Ein Kaufkraftverlust ist die *Geldentwertung* oder *Inflation*.

Konjunktur

Unter Konjunktur versteht man die wirtschaftliche Lage und die wirtschaftliche Entwicklung einer Volkswirtschaft oder eines Wirtschaftssektors. Die *Wirtschaftsentwicklung* oder auch Konjunkturentwicklung verläuft in Zyklen. Gemessen wird die Entwicklung an der Veränderung des *Bruttosozialproduktes*.

Konkurs/Konkursrisiken

Geht ein Unternehmen in Konkurs, dann wird es zahlungsunfähig und kann seinen Zahlungsverpflichtungen nicht mehr nachkommen. In der Regel wird das Unternehmen aufgelöst, saniert oder von einem anderen Unternehmen übernommen.

Kurs-Buchwert-Verhältnis (KBV)

Das Kurs-Buchwert-Verhältnis (KBV) ist wie das KGV eine Aktienkennzahl zur Bewertung von Aktien. Es setzt die aktuelle *Börsenkapitalisierung* (Marktkapitalisierung) eines Unternehmens ins Verhältnis zu dessen Eigenkapital. Das KBV kann auch auf eine einzelne Aktie gerechnet werden. Hierbei wird das Eigenkapital durch die Anzahl der in Umlauf befindlichen Aktien geteilt und ins Verhältnis zum Börsenkurs gesetzt.

Kurs-Gewinn-Verhältnis (KGV)

Hierunter versteht man das Verhältnis des Gewinnes eines Unternehmens pro Aktie zum Kurs der Aktie. Je höher das KGV ist, umso teurer ist die Aktie bewertet. Das KGV kann auch für ganze Aktienmärkte oder Teilmärkte gerechnet werden. Das KGV ermöglicht es, Aktien oder ganze Aktienmärkte miteinander zu vergleichen.

Kurs-Umsatz-Verhältnis

Das Kurs-Umsatz-Verhältnis (KUV) ist wie das KGV eine Aktienkennzahl zur Bewertung von Aktien. Es setzt die aktuelle *Börsenkapitalisierung* (Marktkapitalisierung) eines Unternehmens ins Verhältnis zu dessen (Jahres)-Umsatz. Das KUV kann auch auf eine einzelne Aktie gerechnet werden. Hierbei wird der Umsatz durch die Anzahl der in Umlauf befindlichen Aktien geteilt und ins Verhältnis zum Börsenkurs gesetzt.

Nominalverzinsung

Unter Nominalverzinsung versteht man die Zinsen, die eine Anlage abwirft. Es ist der Zinssatz, den z. B. die Bank für Einlagen auf das Konto überweist. Die Geldentwertung ist hierbei nicht berücksichtigt. Wird von diesem (nominellen) Ertrag die Inflation abgezogen spricht man vom Ertrag nach Inflation (siehe auch *Realverzinsung*).

Onlinebroker

Über Onlinebroker können nur Wertpapiergeschäfte abgewickelt werden. Onlinebroker haben kein Vertriebsnetz. Alle Geschäfte werden online, d.h. über das Internet, abgewickelt. Es sind hierzu ein Depot und ein Verrechnungskonto notwendig. Das Konto kann nicht für den normalen Zahlungsverkehr (Überweisung, EC-Karte usw.) verwendet werden. Onlinebroker sind sehr kostengünstig.

Onlinebank

Eine Onlinebank hat in der Regel kein Vertriebsnetz und bietet ihre Dienstleistungen ausschließlich online, d.h. über das Internet, an. In der Regel werden so gut wie alle Bankdienstleistungen angeboten. Somit kann das Konto auch für den normalen Zahlungsverkehr genutzt werden. Zudem erhält man EC- und Kreditkarte. Die Abwicklung aller Aktivitäten erfolgt ebenfalls online. Onlinebanken sind etwas teurer als Onlinebroker aber insgesamt eine recht gute Sache.

Kapitalanlagegesellschaft oder Kapitalsammelstelle

Siehe *Investmentfondsgesellschaft*.

KIID (Key Investor Information Document)

Das KIID ist seit 2011 gesetzlich vorgeschrieben und muss für jeden Fonds von der auflegenden Investmentgesellschaft erstellt werden. Dieses Informationsblatt soll einen Überblick über alle wichtigen Eckpunkte eines Fonds geben. Diese wesentliche Anlegerinformation fasst alles, was für eine Anlageentscheidung wichtig ist, zusammen. Ein KIID soll Anlegern helfen, einen Fonds zu verstehen, ihn mit anderen Fonds zu vergleichen und die Anlageentscheidung erleichtern.

Konto

Über ein Konto wird der komplette Zahlungsverkehr abgewickelt, z. B. Gehaltszahlungen, Begleichung von Rechnungen, Wertpapierkäufe, Überweisungen usw. Wird ein Konto ausschließlich für Wertpapiertransaktionen verwendet, spricht man von einem Verrechnungskonto. Ein Konto bei einem *Onlinebroker* ist immer ein Verrechnungskonto.

Kontrahentenrisiko

Beschreibt das Risiko zwischen zwei Vertragspartnern, dass einer von beiden ausfällt, also seinen vertraglichen Pflichten nicht nachkommen kann. Ein derartiges Risiko besteht z. B. bei der *Wertpapierleihe*.

Kursindex

Siehe auch *Index*. Der Kursindex ist ein Index, der nur die reine Kursentwicklung eines gesamten Aktienmarktes oder eines Teilmarktes abbildet.

Legitimationsprüfung

In Deutschland kann eine Privatperson nur auf eigenen Namen ein *Konto* und *Depot* eröffnen. Bei der Eröffnung ist eine Prüfung der Legitimation gesetzlich vorgeschrieben. Die Legitimationsprüfung erfolgt über die Vorlage der Ausweispapiere. Es ist nicht möglich, auf eine fremde Person ein Konto oder Depot zu eröffnen.

Marktkapitalisierung

Siehe *Börsenwert*.

Performanceindex

Siehe auch *Index*. Ein Performanceindex berücksichtigt neben der reinen Kursentwicklung auch die weiteren Erträge der Aktienanlage wie z. B. Dividenden. Er entwickelt sich deshalb besser als ein reiner Kursindex.

Realverzinsung

Verzinsung nach Abzug der Inflation, also die tatsächliche Verzinsung unter Berücksichtigung der Kaufkraft des Geldes.

Referenzindex

Der Referenzindex ist der Index, der einem *ETF* zugrunde gelegt wird. Zielsetzung des ETF ist es, diesen Referenzindex so genau wie möglich nachzubilden. Bei weltweit anlegenden ETFs ist ein gängiger Referenzindex der MSCI World Performanceindex.

Rendite

Rechnerische Größe, die den Ertrag zum eingesetzten Kapital (Anlagebetrag) in Relation setzt. Die Rendite wird normalerweise auf ein Jahr gerechnet. Legt man 500 Euro an und bekommt dafür in einem Jahr 3 Euro Zinsen, dann beträgt die Rendite 100/500 × 3 = 0,6 %.

Rentenauskunft

Eine Rentenauskunft erteilt auf Nachfrage jederzeit die *Deutsche Rentenversicherung*. Zusätzlich erhält heute jeder Rentenversicherte ab dem 55. Lebensjahr alle drei Jahre eine Rentenauskunft zugesandt, die die künftige Rente bei verschiedenen Annahmen wiedergibt.

Rentenbescheid

Geht jemand in Rente, dann muss er bei der Deutschen Rentenversicherung die Rente beantragen. Im Rentenbescheid wird schriftlich festgehalten, ob man Rente erhält und wie hoch diese ist.

Rentenformel

Formel, nach der die Rente von jedem einzelnen Rentner berechnet wird.

Rentenlücke

Unter Rentenlücke versteht man die Differenz des heutigen Einkommens zur späteren gesetzlichen Rente. Da die gesetzliche Rente in Prozent zum aktuellen Einkommen berechnet wird, ist diese immer niedriger als das aktuelle Einkommen. Aufgrund des Rückgangs der gesetzlichen Rente wird diese „Lücke" somit immer größer und muss durch andere Einkünfte aufgefangen werden.

Replikation (Methode)

Die Replikationsmethode eines ETF gibt darüber Auskunft, wie der Referenzindex des ETF nachgebildet wird. Es sollte in jedem Fall die physische Nachbildung oder das Sampling bevorzugt werden. Während bei der physischen Nachbildung alle im Index enthaltenen Werte gekauft werden, investiert der ETF beim Sampling zwar ebenfalls direkt in die zugrundeliegenden Werte, allerdings auf die Werte begrenzt, die im Index eine hohe Gewichtung haben und auch jederzeit handelbar sind (Gewichtung über 0,01% im Index). Das Sampling-Verfahren wird bei Indices mit sehr vielen Aktienwerten, wie z. B. dem MSCI World Index (über 1600 Aktienwerte), angewandt. Bei Indices mit weniger Werten (z. B. DAX 30 Index) greift man auf die physische Nachbildung zurück. ETFs auf Rohstoffe, die unter anderem Öl, Gas oder Getreide enthalten, werden synthetisch nachgebildet, da die Kosten für den Kauf und die Lagerung der zugrundeliegenden Güter viel zu teuer wäre.

Rollierender Zeitraum

Unter einem rollierenden Zeitraum versteht man, dass man innerhalb eines definierten langfristigen Zeitraums kurzfristige Zeiträume in zeitlicher Abfolge betrachtet. So kann man sich in einem 50-Jahreszeitraum von 1970 bis 2020 die Ergebnisse aller aufeinanderfolgenden 10 Jahreszeiträume dahingehend anschauen, dass man die Zeiträume wie folgt definiert: 1.1.1970 bis 31.12.1979, 1.2.1970 bis 31.1.1980, 1.3.1970 bis 28.2.1980 usw. Da bei dieser Betrachtungsweise eine Vielzahl an Zeiträumen zugrunde gelegt wird, lassen sich deutlich genauere Ergebnisse ableiten. Durch diese Vorgehensweise erreicht man eine extrem hohe und stabile Aussagekraft über die Entwicklung einer Anlage in 10-Jahreszeiträumen über eine lange Zeit.

Schuldverschreibung

Der Begriff Schuldverschreibung ist quasi der Oberbegriff aller Zinspapiere. Eine Schuldverschreibung ist eine Anleihe, die von verschiedenen Institutionen wie Banken, Unternehmen oder auch dem Staat ausgegeben wird. Schuldverschreibungen haben unterschiedliche Laufzeiten und zahlen einen regelmäßigen Zins. Schuldverschreibungen können an der Börse gekauft und verkauft werden. Schuldverschreibungen, die von der Bundesrepublik Deutschland ausgegeben werden, nennt man Bundesanleihen oder Bundesobligationen (siehe *Bundesanleihe, Bundesobligation*). Andere Begriffe sind Rentenpapiere, Zinspapiere, Anleihen oder Obligationen.

Spareinlage

Spareinlagen sind Geldanlagen bei der Bank wie das Sparbuch oder ein Sparbrief. Für die Anlage zahlt die Bank je nach Laufzeit einen jährlichen Zins. Es gibt eine Vielzahl von Ausgestaltungen von Spareinlagen.

Sondervermögen

Von einem Sondervermögen spricht man, wenn das Vermögen außerhalb des eigenen Vermögens der Bank verwaltet wird. Das Vermögen geht somit nicht in das Eigentum der Bank über. Fondsvermögen sind per Gesetz Sondervermögen und müssen außerhalb der Bankbilanz *treuhänderisch* für den Anleger verwahrt werden. Deshalb sind Fondsvermögen besonders sicher.

Steuerbelastung

In Deutschland unterliegen alle Erträge aus Geldanlagen der Steuer. Aktuell gilt eine 25%ige Kapitalertragsteuer (Abgeltungssteuer). Jeder Anleger hat allerdings einen Freibetrag von 801 Euro. Bis zu diesem Betrag erfolgt keine Besteuerung von Kapitalerträgen.

Treuhänderisch
Bedeutet, dass z. B. ein Fondsvermögen von einem Dritten, z. B. einer *Investmentgesellschaft*, im Namen und für Rechnung des Anlegers verwahrt und gemanagt wird. Das Vermögen bleibt Vermögen des Anlegers (siehe auch *Sondervermögen*).

Thesaurierend
Die Erträge eines Fonds werden nicht ausgeschüttet, sondern verbleiben im Fonds und werden wieder mit angelegt (siehe auch *ausschüttend*). Die Thesaurierung von Erträgen kann steuerliche Vorteile haben und erhöht zudem den *Zinseszinseffekt*, da die Erträge wieder mit angelegt werden.

Umlaufrendite
Die Umlaufrendite ist die durchschnittliche Rendite von Schuldverschreibungen erster Bonität. Hierbei handelt es sich in der Regel um Staatspapiere. Berücksichtigt werden alle in Umlauf befindlichen Schuldverschreibungen mit einer Laufzeit von mindestens 4 Jahren. Die Umlaufrendite wird von der Deutschen Bundesbank täglich ermittelt und gilt als Gradmesser für risikoarme Anleihen.

Verrechnungskonto
Konto, über welches ausschließlich Wertpapierkäufe und -verkäufe abgewickelt werden. Dieses Konto kann nicht für den normalen Zahlungsverkehr verwendet werden (siehe *Konto*).

Volatil
Unter volatil versteht man die Schwankungen im Kursverlauf einer Aktie oder eines Aktienmarktes (siehe *Volatilität*).

Volatilität

Unter Volatilität versteht man die durchschnittliche Schwankungsbreite einer Aktie oder eines Aktienmarktes. Sie wird über den Preis einer Aktie oder eines Aktienmarktes berechnet. Wenn der Preis stark steigt und fällt, also stark schwankt, dann spricht man von einer *volatilen* Entwicklung. Je höher der Wert der Volatilität ist, umso stärker ist die Schwankung und damit auch das Risiko.

Wertentwicklung oder auch Performance

Die Wertentwicklung ist der Erfolg, den man mit einer Geldanlage erzielen kann. Berücksichtigt werden alle mit der Anlage erwirtschafteten Erträge. Setzt man die Performance zum eingesetzten Kapital d.h. dem Anlagebetrag in Relation, dann errechnet sich die *Rendite*.

Wertpapierleihe

Eine Wertpapierleihe ist ein Geschäft, bei dem der Verleiher einem Entleiher ein Wertpapier für eine begrenzte Zeit zur Nutzung überlässt (Sachdarlehen), wofür er eine Gebühr erhält. Derartige Wertpapierleihen werden oft von ETFs vorgenommen, da sie große Bestände an einzelnen Aktien im Bestand halten. Der ETF trägt somit das Risiko, ob der Entleiher seinen vertraglichen Verpflichtungen nachkommen kann *(Kontrahentenrisiko)*.

Wirtschaftsentwicklung

Siehe *Bruttosozialprodukt* und *Konjunktur*.

Wirtschaftswachstum

Unter Wirtschaftswachstum versteht man die Veränderung des *Bruttosozialproduktes* einer Volkswirtschaft in einem festgelegten Zeitraum, in der Regel ein Jahr.

Zinseszinseffekt

Unter Zinseszinseffekt versteht man, dass die Zinsen oder Erträge, die man aus einer Anlage erhält, wieder angelegt werden. Der Effekt ist, dass sich dadurch der zu verzinsende Betrag laufend um die Zinsen erhöht. Dies hat zur Folge, dass nach langer Anlagezeit das Vermögen am Ende der Laufzeit überdurchschnittlich d.h. exponentiell ansteigt. Dieser Effekt ist bei Aktienanlagen immer gegeben, da das Geld bis zum Verkauf im Aktienmarkt investiert bleibt. Die Kursgewinne, die den größten Anteil des Ertrages bei einer Aktienanlage ausmachen, entwickeln sich immer auf Basis des Zinseszinseffektes. Sogar einem täglichen Zinseszinseffekt. Damit der Zinseszinseffekt bei einem *Fondssparplan* optimal genutzt werden kann, sollte ein *thesaurierender* ETF gewählt werden. Damit werden auch die zusätzlichen Erträge aus der Aktienanlage wieder mitangelegt und verzinst.

DANK

Jetzt ist mein erstes Buch tatsächlich fertig, was ohne Mithilfe und Unterstützung vieler Menschen nicht möglich gewesen wäre.

Von Beginn an war meine Frau Kristina dabei, die meine Entwürfe gelesen und meine Ideen kritisch begleitet hat. Sie hat mich ständig angespornt, dieses Buch zu schreiben. Ganz besonders danken möchte ich ihr für das Zeichnen der Karikaturen.

Meine Testleser Alexandra, Ignaz, Kay, Karl-Horst, Rudi, Steffen, Thomas und Thyra haben die Inhalte sehr kritisch begutachtet und mir viele zielführende Hinweise gegeben. Ute hat die Aufgabe des Lektorats und damit sozusagen den Feinschliff übernommen. Der Buchsatz, das Layout und E-Book sowie die technische Umsetzung über tredition wurde von Gabi Schmid von der BÜCHERMACHEREI übernommen. Das Cover wurde von Frau Corina Witte-Pflanz von OOOGRAFIK gestaltet.

Euch allen vielen lieben Dank! Es hat mir sehr viel Spaß gemacht und ich hoffe, dass ihr alle beim nächsten Projekt wieder mit an Bord seid. Falls ich jemanden vergessen haben sollte, möchte ich mich schon jetzt dafür entschuldigen und auch hier meinen ausdrücklichen Dank aussprechen.

Der Autor

Ulrich Gallus wurde 1960 in Göppingen geboren und verbrachte seine Jugend und Schulzeit in Baden-Württemberg. Er ist verheiratet und hat einen Sohn. Er lebt heute mit seiner Ehefrau in Friedberg/Hessen.

Der studierte Bankbetriebswirt war nach seinem Studium der Bankbetriebswirtschaftslehre bei verschiedenen Banken tätig. 1987 zog es ihn beruflich nach Frankfurt/Main. Zuletzt war er über 20 Jahre bei einer der größten deutschen Investmentfondsanbieter für die Vermögensverwaltung verantwortlich. Die Kapitalmärkte und die Geldanlage faszinierten und begleiteten ihn sein gesamtes bisheriges Leben lang. Durch zahlreiche Vorträge hat er das Thema Geldanlage vielen Anlegern nähergebracht. Sein Motto lautet:

„Investiere nur in das, was du verstehst."

Das Thema Geldanlage den Menschen einfach und verständlich näherzubringen, ist ein großes Anliegen des Autors.

Notizen